OFFICIALLY NOTED

FRAYED COVER EDGE 6/14

CUIDA TU CUERPO

"Cuida tu cuerpo"

Dirección de la obra:
Jordi Vigué

Textos:
Eduard Arnau

Ilustración:
Antonio Muñoz Tenllado
Toni Vidal

Diseño gráfico:
Toni Inglés

© 1994 Parramón ediciones, S.A.

Derechos exclusivos de edición para todo el mundo.
Gran Vía de les Corts Catalanes, 322-324
08004 - Barcelona, España.

Segunda edición: Febrero 1996
Producción: Rafael Marfil Mata
ISBN: 84-342-1880-1
Déposito legal: B-8.169-96
Printed in Spain

TU CUIDA CUERPO

*Conoce y cuida
tu cuerpo*

Parramón

Sumario

Presentación **5**

La célula **6**

Aparato digestivo **11**
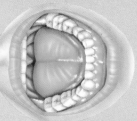

Aparato respiratorio **24**
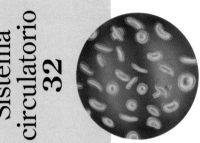

Sistema circulatorio **32**

Aparato excretor **40**

Aparato locomotor **45**
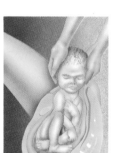

Sistema nervioso **54**

Los sentidos **62**

Aparato reproductor **71**
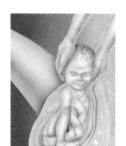

Sistema endocrino **80**

Sistema inmunológico **83**

Apéndice **88**

Índice **95**

Presentación

El presente volumen es un complemento del anterior *El cuerpo humano*. Allí exponíamos cómo es nuestro cuerpo, de qué partes consta, cómo funciona. Aquí pretendemos ir más allá: Esta máquina que constituye nuestro cuerpo es compleja, frágil, perecedera. Como cualquier máquina –y esta, naturalmente, con más razón–, además de exigir un conocimiento de ella, necesita que sepamos cómo tratarla, qué hacer ante un problema concreto, cómo reaccionar ante determinados indicios o síntomas de irregularidades, qué precauciones tomar para evitar problemas, prevenir situaciones desagradables, alejar peligros de consecuencias graves y de difícil solución. En suma, el volumen *El cuerpo humano* era para describir y explicar esta máquina. Con el presente volumen *Cuida tu cuerpo* hemos intentado confeccionar el libro de mantenimiento.

No pretendemos con *Cuida tu cuerpo* confeccionar un libro de texto, ni proporcionar un manual de primeros auxilios, ni mucho menos suplantar la acción del médico. Nuestro objetivo ha sido contribuir a crear en sus lectores una cultura de calidad de vida y de situación de bienestar, fruto de prestar a nuestro cuerpo toda la atención que se merece y que su buen funcionamiento nos exige.

En una sociedad donde la ciencia y la técnica han avanzado a pasos de gigante, de nada serviría conseguir unos niveles óptimos de conocimientos si todo ello no comportara que las personas puedan vivir más y mejor. A este menester, pues, hemos dedicado nuestros esfuerzos y nuestra atención.

Si con *Cuida tu cuerpo* conseguimos despertar una mayor conciencia y sentido de responsabilidad ante estas realidades, habremos alcanzado el objetivo con el cual en su día emprendimos la edición de este volumen

La célula

Nuestro organismo está formado por una materia prima muy especial denominada célula, que está constituida, a su vez, por una gran cantidad de moléculas, perfectamente organizadas. Sobre ellas recae la responsabilidad de hacer funcionar todas las actividades fundamentales del ser humano, sus órganos, sus funciones, sus sistemas.

De estas células unas son lábiles, como los glóbulos rojos de la sangre, que tienen una duración limitada y se renuevan constantemente. Otras son estables, como las del hígado o los riñones, y a partir de una edad determinada dejan de multiplicarse. Y otras son permanentes, como las fibras musculares estriadas, que duran toda la vida.

Igual que el ser humano en su conjunto, también las células nacen, se reproducen, envejecen, se enferman, mueren. Nuestra salud, nuestra existencia, dependen de la buena conservación de nuestras células. De aquí la enorme importancia que tiene para la vida del ser humano su perfecto cuidado.

Ingeniería genética: manipulación de embriones humanos

Se entiende actualmente por ingeniería genética (o técnica del ADN recombinante) todo cambio intencionado en el contenido genético de un individuo. La ingeniería genética incluye, por tanto, las técnicas que permiten aislar y manipular los genes. La principal ventaja de la manipulación genética estriba en la posibilidad de curar enfermedades (mediante vacunas o nuevos fármacos) y evitar la existencia de otras. También se han desarrollado técnicas moleculares para la detección de anomalías genéticas, con el consiguiente impacto en el diagnóstico de enfermedades hereditarias y en la detección de individuos portadores de las mismas. En última instancia, la ingeniería genética puede llevar a la modificación de una especie (animal o vegetal) y a la creación artificial de especies nuevas con características prefijadas. En la actualidad, es posible localizar y aislar genes concretos, incluso de función desconocida, que pueden ser caracterizados posteriormente y reintroducidos en la misma especie o en otra diferente, más o menos allegada a la originaria. De esta manera, los genes insertados también se propagan en la célula huésped escogida y, bajo condiciones apropiadas, le confieren propiedades genéticas nuevas.

La **clonación** animal (el nacimiento de múltiples idénticos) ya es posible en un laboratorio: un embrión en la etapa en que posee ocho células puede proporcionar un núcleo para ocho óvulos, cuyo núcleo original se ha eliminado previamente. Esto ha abierto la puerta a un polémico debate sobre la manipulación genética de embriones humanos. Si bien estas nuevas tecnologías pueden beneficiar a la humanidad de muchas maneras, hay que considerar también las posibilidades de abusar de ellas y, por tanto, se deben tomar precauciones en el futuro.

Los trastornos cromosómicos como el síndrome de Down aparecen, en mujeres mayores de 40 años, en 1 de cada 50 embarazos.

Con el tiempo, muchas personas tienden a engordar debido a la menor energía que emplea el organismo para mantener sus funciones vitales. A los 75 años de edad se reduce en una cuarta parte la energía que una persona empleaba a los 25 años.

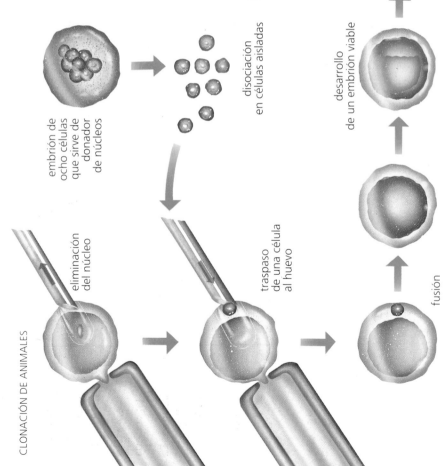

CLONACIÓN DE ANIMALES

embrión de ocho células que sirve de donador de núcleos

disociación en células aisladas

eliminación del núcleo

traspaso de una célula al huevo

fusión

desarrollo de un embrión viable

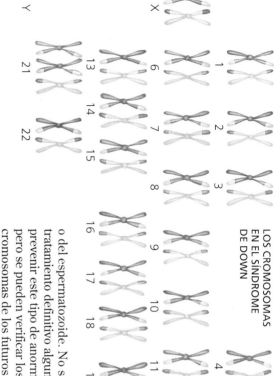

LOS CROMOSOMAS
EN EL SÍNDROME
DE DOWN

X
Y

1 2 3 4 5
6 7 8 9 10 11 12
13 14 15 16 17 18 19 20
21 22

El síndrome de Down

El llamado síndrome de Down o mongolismo aparece en 1 de cada 650 nacimientos y se debe a una alteración cromosómica, que consiste en la existencia de un cromosoma extra en el par 21. Ello significa que las células del individuo tienen 47 cromosomas en lugar de 46, como es normal en el género humano.

Esta anormalidad cromosomática se presenta durante el desarrollo del óvulo o del espermatozoide. No se conoce tratamiento definitivo alguno para prevenir este tipo de anormalidades, pero se pueden verificar los cromosomas de los futuros padres antes del embarazo. En todo caso, se sabe que existe mayor riesgo cuando la mujer embarazada tiene más de 35 años o cuando el padre es muy mayor.

En el feto se pueden realizar determinados análisis que permiten detectar las anormalidades cromosómicas; se extrae una pequeña muestra de líquido amniótico de la mujer embarazada (amniocentesis), se hace un cultivo, se estudia la división de las células del feto mediante un microscopio de alta potencia y se distribuyen los cromosomas en pares.

Productos industriales y cáncer

La responsabilidad potencial de ciertos productos químicos en la aparición de cáncer sólo se ha planteado cuando inducen un tipo de cáncer que, sin su presencia, es extremadamente infrecuente.

El número de sustancias para las que se ha comprobado su implicación en el desarrollo de cáncer es muy pequeño, pero se cree que incluso sustancias de uso corriente, como el serrín, en caso de exposición prolongada durante años, pueden originar su aparición.

Se sospecha de unas 200 sustancias como responsables de la aparición de cáncer en el ser humano. Se sabe que otras 100 lo causan en animales, y muchas más están en situación dudosa.

La búsqueda de sustancias químicas contra los tumores, y que sean menos tóxicas para el organismo, ha llevado al reciente descubrimiento del taxol, que se extrae de la corteza de un árbol del Pacífico. En Estados Unidos se emplea contra el cáncer de ovarios.

PRODUCTOS INDUSTRIALES QUE CAUSAN CÁNCER EN EL HOMBRE, E INDICACIÓN DE DONDE LO CAUSAN

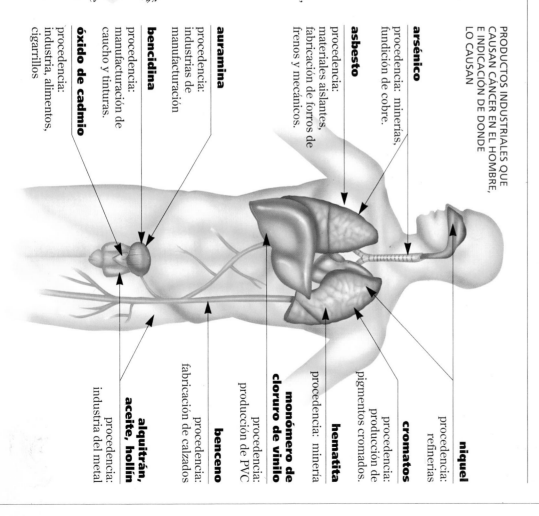

arsénico
procedencia: minerías, fundición de cobre.

asbesto
procedencia: materiales aislantes, fabricación de forros de frenos y mecánicos.

auramina
procedencia: industrias de manufacturación

bencidina
procedencia: manufacturación de caucho y tinturas.

óxido de cadmio
procedencia: industria, alimentos, cigarrillos

níquel
procedencia: refinerías

cromatos
procedencia: producción de pigmentos cromados.

hematita
procedencia: minería

monómero de cloruro de vinilo
procedencia: producción de PVC

benceno
procedencia: fabricación de calzados

alquitrán, aceite, hollín
procedencia: industria del metal

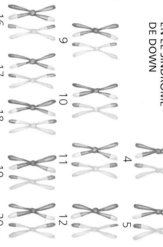

En la antigüedad, los griegos adoptaron a un dios egipcio, al que identificaron con Hermes, dios de la ciencia química y de la medicina. Debido a que Hermes era considerado también como el mensajero de los dioses, se le representaba portando un báculo alado que, en las farmacias, se ha sustituido por una copa.

Los antiguos griegos establecieron una relación entre los médicos y las serpientes, ya que estas últimas renuevan su piel y se «rejuvenecen», cosa que los griegos esperaban de los médicos. Precisamente por ello, el báculo de Hermes incorporó a dos serpientes enroscadas en torno a él.

Desde entonces, este báculo, junto a las alas y a las serpientes, ha simbolizado a la profesión médica en general.

Prevención del cáncer de laringe

El cáncer no es una enfermedad, sino muchas, quizá un centenar o más, cada una de las cuales afecta a una parte diferente del cuerpo y responde a una causa distinta. La mayoría se muestran en estadios tempranos de desarrollo. Un bulto o hinchazón en la boca o cuello, una ronquera permanente o una hemorragia persistente por la nariz pueden manifestar la existencia de un cáncer de boca.

Todos estos tumores se pueden tratar con éxito si se detectan pronto, pero si se ignoran, pueden extenderse hacia las glándulas del cuello y ser más difíciles de tratar. El cáncer de laringe es el más común en las personas que fuman y beben mucho. En algunos casos hay que extraerla.

Para prevenir este cáncer conviene palparse los ganglios del cuello con las puntas de los dedos. Estos ganglios muchas veces se hinchan durante una infección de garganta y no deben preocupar. No obstante, si siguen hinchados pasada la infección, se debe consultar al médico.

PARA PREVENIR EL CÁNCER DE LARINGE CONVIENE PALPARSE LOS GANGLIOS DEL CUELLO

ocurre en Japón, la incidencia de diversos tipos de cáncer es mucho menor que en países con un elevado consumo de grasas, como Estados Unidos o Europa occidental. También se ha observado que aquellas personas que superan su peso ideal en más de un 40 % presentan un riesgo doble de contraer la enfermedad, aunque seguramente influyen además otros factores socioeconómicos y ambientales. He aquí unas recomendaciones alimentarias para la prevención del cáncer:

• No sigas una dieta cuyo contenido calórico provenga en más de un 30 % de las grasas.
• Incrementa gradualmente el consumo de fibra de 20 a 30 g diarios.
• Come frutas y verduras frescas cada día, ya que poseen un alto contenido de vitaminas y minerales.
• Consume bebidas alcohólicas con moderación.
• No abuses de los alimentos ahumados, curados con sal o que presenten nitratos como conservante.
• Mantén tu peso ideal.

RIESGO DE CONTRAER CÁNCER POR ALIMENTACIÓN INADECUADA	
90%	COLON, ESTÓMAGO, RECTO
50%	MAMA, PÁNCREAS, ÚTERO, VESÍCULA BILIAR
20%	BOCA, CÉRVIX, ESÓFAGO, VEJIGA, GARGANTA, LARINGE, PULMÓN,
10%	OTROS

Reduce el riesgo de cáncer con una alimentación adecuada

Los hábitos alimentarios están relacionados con un 35 % de las muertes causadas por enfermedades cancerígenas, aunque en muchos casos esta relación no se ha podido comprobar científicamente. Diversos estudios han demostrado, por ejemplo, que en los países con una dieta rica en fibra y pobre en grasas, como

sus testículos, sobre todo a partir de los 40 años de edad Existen diversas clases de análisis para detectar determinados tipos de cáncer antes de notar los primeros síntomas. Así la **mamografía** es un tipo de examen por rayos X que visualiza la estructura interna de las mamas.

El autoexamen

El diagnóstico precoz del cáncer, como en muchas otras enfermedades, equivale a una mayor probabilidad de duración. Existen unos síntomas específicos que, aunque no necesariamente confirmen un posible cáncer, si han de obligarnos a acudir al médico con la mayor rapidez:
• Una costra, llaga o úlcera en la piel, la boca o la nariz.
• Un bulto en el pecho o alteraciones en la configuración de la mama.
• Cambios en la forma o el tamaño de un testículo.
• Una verruga que crece, produce picor o sangra.
• Hematomas sin motivo aparente.
• Hemorragia rectal o vaginal.
• Tos con expulsión de sangre.
• Sangre en la orina.
El **autoexamen** es precisamente uno de los métodos más adecuados para la prevención del cáncer. Por ejemplo, las mujeres han de examinarse sus mamas con regularidad, y los hombres,

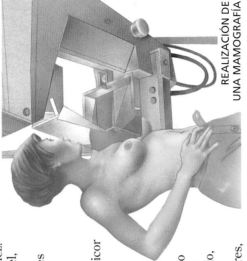

REALIZACIÓN DE UNA MAMOGRAFÍA

ANÁLISIS PERIÓDICOS ACONSEJABLES

	PAPANICOLAU	MAMOGRAFÍA	SANGRE DEPOSICIONES	SIGMOIDOSCOPIA COLONOSCOPIA
SEXO	Mujeres	Mujeres	Hombres, mujeres	Hombres, mujeres
EDAD	Entre 18 y 64 años	A partir de 40 años	A partir de 45 años	A partir de 60 años
FRECUENCIA	Cada año	Entre uno y tres años	Cada año	Cada año
DETECCIÓN	Formación de células anormales, que pueden desarrollar cáncer de cérvix	Cáncer de mama en sus inicios	Anomalías en el intestino bajo	Anomalías en el intestino bajo
REPETIR	• Si el resultado anterior no ha sido normal. • Si lo prescribe el médico	• Si se ha sufrido cáncer de pecho • Si existen antecedentes en la familia	• Si se tiene colitis. • Si se tienen pólipos de colon	• Si se tiene colitis. • Si se tienen pólipos de colon

Combatamos el envejecimiento

La duración de la vida de un individuo están en función de la especie a la cual pertenece. No obstante, el ser humano puede contribuir con su capacidad de raciocinio a retrasar el envejecimiento y, por tanto, a lograr una vida más larga. El envejecimiento es un fenómeno natural debido al desgaste progresivo de los tejidos del cuerpo: se produce un enlentecimiento general, la piel se arruga, los huesos se vuelven más finos y quebradizos, las articulaciones se endurecen... Sin embargo, las personas que se mantienen en buenas condiciones físicas no muestran estos síntomas hasta los 70 años: una correcta alimentación y la práctica regular de ejercicio físico reducen los efectos físicos del envejecimiento, mientras que los efectos psicológicos pueden combatirse con un espíritu despierto y con un constante interés por las cosas que nos rodean.

cerebro y sistema nervioso

Menor oxigenación sanguínea.
Pérdida de neuronas.

corazón y circulación

El corazón pierde fuerza.
La circulación es más lenta.

pulmones

Menor elasticidad y capacidad (a los 70 años ésta se reduce a un 60%)

hígado

El proceso de eliminación de toxinas pierde eficacia.

músculos

Pierden fuerza y volumen.

articulaciones

Se endurecen y pierden movilidad. Los discos y los huesos de la columna vertebral se gastan y comprimen.

ALTERACIONES EN EL ORGANISMO A CAUSA DEL ENVEJECIMIENTO

✎ En la bacteria *Escherichia coli*, que es un representante típico de los organismos unicelulares simples, el genoma forma un único cromosoma circular de unos 4 millones de pares de bases, aproximadamente igual al número de letras de la Biblia.

9

NUTRIENTE	CAUSA	REMEDIO (Comer)
Vitamina C	Falta de fruta y verduras frescas	Más fruta, más verduras frescas
Vitamina D	Falta de luz solar debido a permanecer demasiado tiempo al abrigo del sol	Pescado azul, huevos, margarina
Hierro	Envejecimiento del sistema digestivo que tiene una absorción deficiente	Hígado, carne, pescado, cereales integrales, verduras de hojas verdes
Tiamina	Más necesidad en edad avanzada	Pan, cereales integrales, arroz integral, hígado, pescado, alubias, nueces

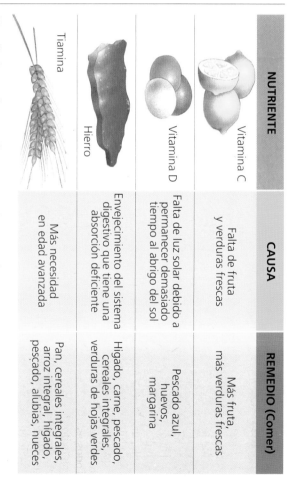

Deficiencias alimentarias más comunes

Alimentarse bien y de forma variada y equilibrada contribuye a evitar las enfermedades durante la tercera edad y a retrasar el proceso de envejecimiento. Los productos frescos constituyen la base de este objetivo, ya que nos proporcionan una amplia gama de vitaminas y minerales esenciales. Es precisamente la insuficiencia de determinados nutrientes la causa de posibles anemias u otras enfermedades. Por ejemplo, la falta de calcio favorece la osteoporosis o pérdida de consistencia ósea, ya que por sí considerable en edades avanzadas. En el mundo desarrollado, la anemia por falta de hierro es la deficiencia más común, sobre todo en las mujeres; una de cada diez la sufren y tres de cada diez la están desarrollando.

Consejos para cuidar a las personas mayores

Hoy las personas viven más años que antes. Hace un siglo, sólo un 5 % de la población occidental tenía más de 65 años. Si bien las personas mayores son más propensas a contraer enfermedades y tardan más en recuperarse, necesitan tomar las mismas precauciones que las demás personas para gozar de buena salud. Estos son algunos consejos a tener en cuenta:

• *Compañía:* uno de los mayores problemas de la tercera edad es la soledad. Los hijos deben visitar a sus padres con regularidad e intentar que mantengan el contacto con sus amigos. Instalarles un teléfono y llamarles a menudo también es de gran ayuda.

• *La casa y el frío:* hay que cerrar y aislar bien la casa y asegurar que dispongan de una buena calefacción.

• *Dieta:* hay que vigilar si toman una dieta variada y que no encuentren dificultad alguna en ir a la compra.

• *La vista y el oído:* mejorar la iluminación en la casa puede ayudar, así como procurarles libros de letras grandes. Se aconseja llevarles una vez al año al oculista y procurar que asistan a revisiones del oído con cierta regularidad.

• *Movimiento:* hay que procurar que salgan de casa diariamente.

• *Facilidades:* es bueno asegurarse de

que gozan de todas las facilidades y ventajas oficiales para la tercera edad.

• *Incontinencia:* se debe vigilar cualquier signo de incontinencia urinaria en los mayores.

• *Tristeza:* en la viudedad, el anciano necesitará la compañía de sus hijos para combatir el dolor. Los tranquilizantes no pueden hacer más que proporcionarle una solución temporal, y es mejor evitarlos, ya que interfieren el curso normal de los sentimientos y de su comprensión y asimilación.

• *Medicamentos:* muchas personas mayores tienen dificultades en la administración de medicamentos. Hay que asegurarse de que toman las dosis correctas a las horas adecuadas.

• *Depresión:* hay que controlar la pérdida de apetito, sueño o animosidad e interés por las cosas.

• *Accidentes:* se debe hacer todo lo posible para asegurar la casa contra los accidentes, como fijar las moquetas o alfombras que puedan favorecer los tropiezos, evitar cables eléctricos en medio de las zonas de paso, asegurarse de que armarios y pasillos queden bien iluminados y poner barandillas a ambos lados de las escaleras.

✎ Todos portamos entre 6 y 10 genes defectuosos, los cuales pueden resultar perjudiciales para nuestros hijos si nuestra pareja tiene los mismos genes defectuosos.

Plantas que curan

MUÉRDAGO
(*Viscum album L.*)

El **muérdago** (*Viscum album L.*) es una planta parásita que hunde sus raíces en el tronco de otros árboles y se alimenta de su savia, ya que es incapaz de enraizar en tierra.

Siempre ha estado ligada a una serie de costumbres mágicas y tradicionales, pero lo más curioso es que diversas investigaciones parecen demostrar que el muérdago posee propiedades anticancerígenas y estimula las reacciones defensivas del organismo. Una serie de extractos de esta planta, que sólo se deben administrar en forma de inyecciones bajo control médico, han dado buenos resultados en el tratamiento postoperatorio de diversos tipos de cáncer, para aliviar el dolor, y en la inhibición del crecimiento del tumor.

El muérdago también se emplea para reducir la presión sanguínea. Sin embargo, debido a su toxicidad, su uso interno será una competencia exclusiva del médico y **nunca se tomará por iniciativa particular.** Las hojas del muérdago no son tóxicas y pueden utilizarse para uso externo.

Las caídas

Las caídas son un serio problema para la tercera edad, ya que los huesos se no se recuperan con la misma facilidad que en los jóvenes y pueden dificultar gravemente la capacidad de movimiento. Las personas mayores pierden el equilibrio con facilidad y en general tienen pocos reflejos para recuperarlo. Un lugar en el que acostumbran a producirse accidentes es en la bañera, por lo que habrán de calcularse bien los movimientos a realizar con el fin de evitar posibles caídas o resbalones.

Algunos ancianos sufren desfallecimientos que pueden acabar en una caída repentina. Estos accidentes dan una fuerte sensación de inseguridad y por ellos temen salir solos a la calle. Es posible que, después de una caída, el anciano tarde algún tiempo en recobrar la seguridad normal en los pies. Es aconsejable un reposo absoluto después de una caída y, lo que es esencial, advertir de ella al médico.

✎ El ADN humano está formado por unos 3000 millones de pares de bases, cuya longitud sería de unos 10 cm si estuviera completamente estirado.

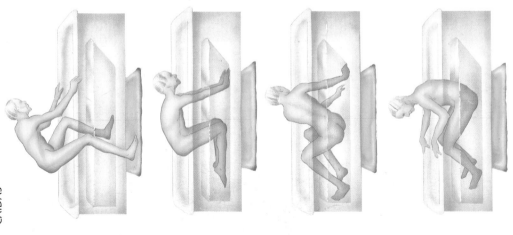

Pasar un pañuelo o similar debajo del pie y levantar éste 10 veces. Repetir la operación con el otro pie.

Poner un codo encima del respaldo de la silla y luego, con los pies quietos, mover la cintura hacia uno y otro lado. Repetir la misma operación, pero con el otro codo.

Ejercicios de flexibilidad

El movimiento es la clave para mantenerse joven, o lo que es lo mismo, nada hace envejecer tan deprisa como la inmovilidad. Así pues, la regla es moverse, estar activo, y vale tanto para las personas sanas e inválidas, como para las que deben guardar cama todo el día. Existe la idea general de que cuando uno envejece tiene que reducir su actividad física. Hay que ir con cuidado porque lo que se deja de hacer, seguramente pronto ya no podrá volver a hacerse. Es un círculo vicioso que se establece con gran rapidez.

Para mantener un buen nivel de movilidad es necesario involucrar a todas las extremidades. Incluso las personas que deben usar silla de ruedas pueden realizar ejercicios de brazos y hombros. De esta manera, existen ejercicios de flexibilidad que sólo requieren una silla derecha. Si no se puede realizar un movimiento, es mejor no forzar.

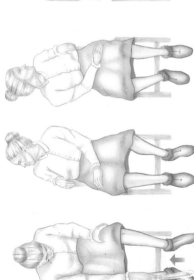
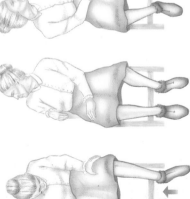
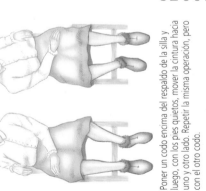

Cruzar una pierna encima de la otra. Luego hacer presión con los dedos hacia los cuatro costados. Después hacer un movimiento circular en uno y otro sentido. Repetir la misma operación con la otra pierna.

Poner los pies en el suelo. Levantar primero los talones y después los dedos. Primero hacerlo con un pie, después con el otro. Al final, con ambos a la vez.

Sentarse cómodo. Dejar caer la cabeza hacia delante sin mover nada más. Levantarla después. Repetir lo mismo hacia los cuatro lados.

Sentarse cómodo con toda la columna vertebral tocando al respaldo. Con la cabeza erguida, sacar pecho.

El aparato digestivo

La función que ejerce el aparato digestivo es una de las más importantes y curiosas del cuerpo humano. Por medio de ella tomamos unos alimentos que, a lo largo de todo su recorrido en nuestro interior, sufren un conjunto de transformaciones que convierten los hidratos de carbono, las grasas y las proteínas que contienen en sustancias asimilables por nuestro organismo.

Gracias al aparato digestivo nuestro cuerpo se dota del combustible necesario para que su energía y actividad no sufran ninguna alteración. Luego el mismo sistema se cuida de expulsar por el ano los desperdicios, es decir, todas las sustancias que no interesan y cuya presencia en el interior del cuerpo podría resultar perjudicial.

El digestivo es un aparato muy complejo puesto que así es también la función que desempeña. Por su transcendencia y por la cantidad de elementos y factores que pudieran perjudicarlo es uno de los que, sin duda, requieren de nosotros un mayor interés y cuidado.

Los nutrientes, el combustible del organismo

Los alimentos proporcionan al organismo la energía y los materiales que precisa para su crecimiento, reparación y reproducción. Las sustancias contenidas en los alimentos que cumplen estas funciones son los **nutrientes**.

Es muy difícil hallar un alimento que contenga un sólo nutriente. La mayor parte presentan una compleja mezcla de hidratos de carbono, grasas y proteínas, junto con pequeñas cantidades de vitaminas, minerales y oligoelementos, además de agua y fibra.

Los carbohidratos y las grasas constituyen la principal fuente energética del organismo, mientras que las proteínas son imprescindibles para el crecimiento y la reparación de los tejidos del cuerpo (huesos, músculos, vísceras, etc.). El mejor modo de asegurarse una cantidad suficiente y equilibrada de nutrientes consiste en tomar una dieta lo más variada posible.

Los nutrientes son directamente absorbidos por la sangre y distribuidos a todas las células del cuerpo. Al llegar a la célula, esta utiliza los nutrientes para realizar una compleja secuencia de reacciones químicas que conducen a la liberación de energía. Las necesidades energéticas dependen, en gran parte, de la actividad física de cada persona. Un 70 % del gasto energético diario se destina al metabolismo corporal, pero la práctica de una actividad deportiva requiere un mayor aporte de energía. Además, los tejidos del cuerpo humano están en un constante proceso de regeneración y crecimiento. Para todas estas necesidades, el alimento es el combustible esencial.

COMPONENTES DE UN ALIMENTO

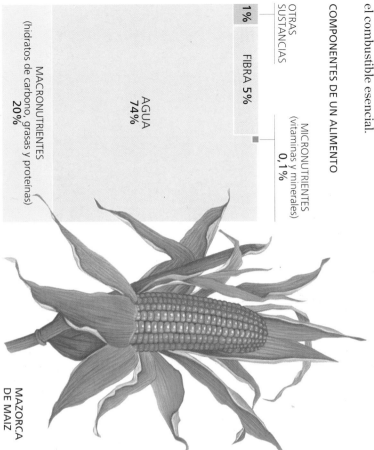

OTRAS SUSTANCIAS 1%

FIBRA 5%

MICRONUTRIENTES (vitaminas y minerales) 0,1 %

AGUA 74%

MACRONUTRIENTES (hidratos de carbono, grasas y proteínas) 20%

MAZORCA DE MAÍZ

Carbohidratos simples y complejos

Los hidratos de carbono o carbohidratos constituyen la mejor fuente de energía cuando forman parte de una dieta equilibrada: debemos obtener de ellos el 55-60 % del aporte calórico total. Están formados por una única molécula, los sacáridos, que se unen entre sí para formar los dos tipos principales de carbohidratos: los azúcares y los almidones.

Los **azúcares** son carbohidratos simples de una o dos moléculas de sacáridos. Las dos clases más frecuentes de azúcares son la sacarosa o azúcar de caña y la lactosa o azúcar de la leche.

Los **almidones** son carbohidratos complejos formados por una larga cadena de moléculas de sacáridos. Se encuentran sobre todo en las frutas, las verduras, la pasta, las patatas y los cereales.

La rapidez con la que se pueden absorber los sacáridos y, de este modo, suministrar al organismo la energía requerida, depende del tipo de carbohidrato ingerido. Sólo uno de los sacáridos se puede absorber directamente; por tanto, los azúcares se absorben con rapidez, mientras que los enzimas digestivos necesitan algún tiempo para descomponer el almidón en moléculas más simples.

Por tanto, una dieta saludable se basará en una cantidad importante de alimentos ricos en almidones (en especial, frutas y verduras) y en una limitación estricta de los alimentos ricos en azúcares, es decir, los pasteles, dulces, etc. Los almidones son la fuente óptima para obtener energía y siempre deben preferirse a los azúcares.

¿Sabías que…

…el sistema digestivo de las lombrices es similar al del ser humano?

Las lombrices disponen de un sistema digestivo que presenta ciertas similitudes con el del ser humano y los demás animales superiores. El alimento ingerido atraviesa el esófago, se almacena en una cámara o buche, y a continuación pasa a una molleja, donde es triturado. La digestión final tiene lugar en el intestino gracias a la acción de los enzimas. Los nutrientes son absorbidos por el riego sanguíneo, que los distribuye por todo el organismo, mientras que los residuos se eliminan a través del ano.

Otros animales poseen un sistema digestivo mucho más sencillo. Este es el caso de la hidra, una especie de agua dulce cuyo aparato digestivo está formado prácticamente por un tubo. También son los enzimas, secretados por las células que revisten las paredes de la cavidad digestiva, los que disuelven el alimento. Sin embargo, a continuación, la hidra absorbe los nutrientes directamente en sus tejidos.

Proteínas: las constructoras del cuerpo

Las proteínas son grandes moléculas compuestas por cientos o miles de unidades químicas denominadas **aminoácidos**, que se unen en largas cadenas enlazadas.

En el organismo, las proteínas constituyen los principales elementos estructurales de las células y de los tejidos, y son sustancias indispensables para el crecimiento, el metabolismo y la reparación de los órganos. Además, si la energía disponible a partir de los hidratos de carbono y las grasas de la dieta no es suficiente para satisfacer la demanda del organismo, este puede convertir los aminoácidos en glucosa o ácidos grasos y utilizarlos como último recurso de fuente de energía.

Tanto los alimentos de origen animal como vegetal contienen proteínas. Los primeros (carne roja, pollo, pescado rico en grasas, huevos, productos lácteos) poseen aminoácidos esenciales que el cuerpo no es capaz de producir, pero el consumo de estos alimentos significa un mayor riesgo de contraer enfermedades cardiacas por su contenido en grasas saturadas y colesterol. Las proteínas de origen vegetal (legumbres, cereales, pasta integral, patatas) no presentan estos inconvenientes. Son parcialmente completas porque carecen de alguno de los aminoácidos esenciales, pero una dieta suficientemente variada puede suplir la falta de cualquier tipo de aminoácido.

La fibra, imprescindible

La fibra es un tipo de carbohidrato no digerible por el organismo. Sin embargo, paradójicamente, es esta misma razón la que la hace imprescindible para su correcto funcionamiento.

La **celulosa** constituye la mayor parte de la fibra que comemos; procede de la cáscara de los cereales, de la piel y de la pulpa de las frutas, y de la materia fibrosa de los vegetales, la cual no puede ser descompuesta por los enzimas digestivos. Aunque no posea valor nutricional ni energético alguno, la fibra constituye un elemento vital en la dieta diaria porque incrementa la cantidad de heces y facilita el paso de los residuos y toxinas del metabolismo por los intestinos. La fibra también reduce la absorción de las grasas digeridas, reduce ligeramente el nivel de colesterol y, por consiguiente, el riesgo de padecer una enfermedad coronaria. Simultáneamente, absorbe agua y proporciona una mayor sensación de saciedad y un menor aporte calórico.

Una persona adulta debería comer por lo menos 25 g de fibra diarios, pero la dieta occidental suele contener un elevado porcentaje de grasas animales y carbohidratos refinados, y carecer precisamente de una cantidad adecuada de fibra. Para cubrir tus necesidades de fibra y, de esta manera, mejorar tu alimentación, puedes seguir estos consejos:

• Come mucha fruta (mejor entera que en zumo) y verdura fresca.
• Las verduras no deben hervirse en exceso.
• No peles la fruta, pero no olvides lavarla antes.
• Prefiere los cereales y el pan en forma integral.

CONTENIDO DE FIBRA DE ALGUNOS ALIMENTOS (gramos de fibra por cada 100 g de producto)	
Salvado sin procesar	44 g
Albaricoques secos y sin hueso	24 g
Ciruelas	14 g
Almendras	14 g
Uvas pasas	7 g
Pan integral	7 g
Alubias hervidas en conserva	7 g
Espinacas hervidas	7 g
Guisantes	7 g
Maíz dulce	6 g
Apio	5 g
Brécol o puerro	3,5 g
Lentejas hervidas	3,5 g
Manzanas, plátanos y fresas	2 g

DISOLUCIÓN Y SÍNTESIS DE PROTEÍNAS

nuevas proteínas en el cuerpo

núcleo de la célula

célula del cuerpo

proteínas alimenticias

aminoácidos

Una persona adulta tiene casi 150 000 calorías almacenadas en forma de grasas, 24 000 calorías almacenadas en forma de proteínas, y 300 en forma de glucógeno (depósitos de glucosa).

La leche: ¿alimento completo?

La leche es lo que más se aproxima a lo que entendemos por «alimento completo». Es una excelente fuente de proteínas y carbohidratos, además de calcio, riboflavina y vitaminas A y B₁₂, pero es deficitaria en hierro y vitamina C. Además, la leche entera es muy rica en grasas, por lo que las personas adultas han de reducir su ingestión o consumir, preferiblemente, leche desnatada o semidesnatada. Los adultos pueden sobrevivir sin leche, ya que todos los nutrientes que contiene se encuentran en otros alimentos.

Una dieta integral

Habitualmente solemos consumir alimentos refinados: pan, harina y arroz blancos, azúcar de caña... Estos productos se han sometido a un proceso de desnaturalización que disminuye su valor nutricional: se elimina un gran porcentaje de la fibra del alimento y se pierden vitaminas y minerales.

Los **alimentos integrales**, es decir, no refinados, conservan todas las vitaminas y los minerales. Por lo tanto, siempre deberías seguir una dieta basada en cereales completos (los que conservan la cáscara y el germen del grano) y eliminar toda clase de alimentos refinados, en especial aquellos a los que se han añadido azúcares.

Una bebida con un contenido de alcohol superior a 18° tiene menos efectos inmediatos que una bebida más floja. Esto es así porque queda inmovilizada en el estómago y no puede pasar al duodeno y al intestino delgado hasta que se diluye.

Cocinar con pocas grasas

Las personas más sanas suelen ser aquellas que siguen una dieta basada en el consumo de alimentos con pocas grasas. Además, la manera de cocinar el alimento puede afectar radicalmente la proporción de aceites y grasas de nuestra dieta. Los **fritos** y los **rebozados** son las dos formas más desaconsejables de cocinar los alimentos, aunque se emplean aceites de origen vegetal. Un ejemplo son las patatas: las fritas contienen el triple de kilocalorías que las hervidas. Por el contrario, siempre serán preferibles los **alimentos hervidos**, cocinados al vapor, **a la brasa** o **a la plancha**.

La bacteria *Helicobacter pilori* puede ser una de las causas de gastritis. Aunque rara vez se presenta en personas menores de 20 años, puede infectar a más del 60 % de los mayores de 65 años.

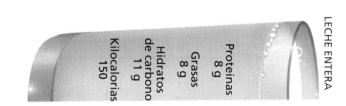

LECHE ENTERA

CONTENIDO DE UN VASO DE LECHE (250 MI)

Proteínas	8 g
Grasas	8 g
Hidratos de carbono	11 g
Kilocalorías	150

LECHE DESNATADA

Proteínas	9 g
Grasas	1 g
Hidratos de carbono	13 g
Kilocalorías	90

COMPOSICIÓN EN GRASAS

ALIMENTOS Y ACEITES	GRASAS SATURADAS	GRASAS MONO-INSATURADAS	GRASAS POLI-INSATURADAS
Ternera/buey	48%	44%	3%
Pollo	32%	37%	26%
Cordero	54%	37%	4%
Carne de cerdo	36%	42%	17%
Hígado	34%	27%	34%
Arenques	19%	10%	66%
Leche, mantequilla	62%	30%	3%
Queso graso	62%	30%	3%
Huevos	33%	45%	17%
Margarina vegetal	19%	31%	50%
Aceites vegetales			
de coco	91%	7%	2%
de maíz	17,5%	29%	56,5%
de oliva	11%	74%	10%
de palma	53%	38%	9%
de soja	17%	25%	58%
de girasol	12%	30%	68%

ALIMENTOS RICOS EN GRASAS

Grasas: no todas son perjudiciales

Las grasas, al igual que los hidratos de carbono, son utilizadas por el organismo para la producción de energía, aunque de forma más concentrada: 9 kcal por gramo en lugar de las 4 kcal/g de los carbohidratos. Las grasas se disuelven en el intestino por la acción de las sales biliares y atraviesan la pared intestinal descompuestas en glicerol y ácidos grasos. El flujo sanguíneo transporta las grasas unidas a proteínas, formando partículas (lipoproteínas) que se depositan en las células del cuerpo. Muchas de las grasas están «escondidas» en los alimentos, como ocurre en la carne roja, el pescado, los huevos, los productos lácteos y los frutos secos, mientras que en otros casos son bien visibles, caso de la mantequilla, la margarina, el tocino y los aceites.

Existen dos tipos de grasas: las saturadas y las insaturadas, que tienen distinto efecto sobre el organismo. Las **grasas saturadas**, que se encuentran en los productos lácteos y de origen animal, producen un incremento del colesterol en la sangre, lo que aumenta el riesgo de sufrir arteriosclerosis o una enfermedad coronaria. Las **grasas insaturadas** se dividen en monoinsaturadas, presentes en los aceites de oliva y cacahuete y en el aguacate, y polinsaturadas, que se encuentran por ejemplo en el arenque y en los aceites de soja y girasol. Las últimas investigaciones parecen confirmar el hecho de que las grasas monoinsaturadas no incrementan el nivel de colesterol, y las polinsaturadas incluso protegen contra las enfermedades cardíacas.

Vigila el nivel de colesterol

El colesterol es un componente vital para el crecimiento y la reproducción de las células y es un ingrediente básico de la bilis que ayuda a digerir las grasas.

Casi todo el colesterol de la sangre procede del hígado, a causa de la metabolización de los alimentos. Por tanto, esta sustancia, imprescindible para el organismo, sólo es perjudicial cuando se aporta en exceso, es decir, cuando se consumen demasiados alimentos ricos en **grasas saturadas**: huevos, hígado, mantequilla, quesos curados, carnes grasas...

Las personas que poseen un alto nivel de colesterol corren un mayor riesgo de sufrir trastornos circulatorios y cardiovasculares (**arteriosclerosis, angina de pecho, infarto,** etc.). El exceso de colesterol se adhiere a la pared de las arterias en forma de depósitos de grasa que obstruyen el flujo de la sangre a los diferentes órganos. Para evitar el aumento del colesterol hay que limitar la ingestión de los alimentos que lo contienen y, sobre todo, los ricos en grasas saturadas.

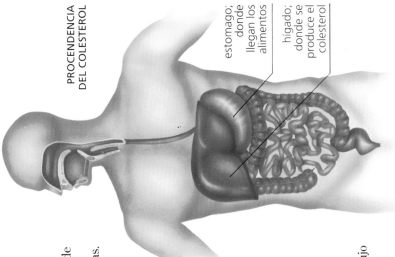

PROCEDENCIA DEL COLESTEROL

estómago; donde llegan los alimentos

hígado; donde se produce el colesterol

Los minerales y la conservación de la salud

Por lo menos 20 minerales controlan el metabolismo o conservan las funciones de los diversos tejidos específicos del cuerpo humano. De algunos minerales son necesarias grandes cantidades, como el magnesio, el potasio, el calcio y el sodio, mientras que de otros, denominados **oligoelementos,** como el hierro, el zinc, el cobre, el selenio, el fluoruro y el yodo solamente se precisan cantidades mínimas, aunque todos ellos son imprescindibles en los procesos químicos del metabolismo. Normalmente, una dieta equilibrada contiene todos los minerales necesarios, pero las deficiencias de hierro, calcio y yodo son relativamente frecuentes, y muchas veces estas sustancias se añaden artificialmente a determinados alimentos.

Piel de naranja

La **celulitis** no es propiamente una enfermedad, sino una dolencia que afecta a gran parte de las mujeres (una de cada dos). Ello es debido a las hormonas femeninas, los **estrógenos,** responsables de la madurez sexual de la mujer, y a la progesterona, que colabora con éstos en los procesos biológicos. Ambos condicionan la estructura del tejido adiposo del cuerpo femenino.

La aparición de la celulitis no depende exclusivamente de sus hormonas, sino también de su **complexión corporal.** Si se trata de una persona con tendencia a almacenar grasas, posiblemente tendrá mayor tendencia a la celulitis que otras que pueden comer lo que quieren sin engordar.

Para prevenir o eliminar la celulitis conviene practicar ejercicios físicos, consumir alimentos frescos y naturales y evitar en la medida de lo posible la sal, el azúcar y las grasas animales.

Vitaminas, las justas y necesarias

Las vitaminas son imprescindibles para la vida. Una carencia mínima puede afectar a todo el organismo. Evitarlo es fácil si intentamos mantener una dieta equilibrada.

Las vitaminas son sustancias orgánicas necesarias para la vida y el buen funcionamiento del cuerpo. No aportan energía (calorías), pero sin ellas el organismo no podría aprovechar los elementos constructivos y energéticos suministrados por la alimentación: las **proteínas,** los **azúcares,** las **féculas** y las **grasas.** Activan la oxidación de los alimentos, así como las operaciones metabólicas, y facilitan la liberación y utilización de la energía.

Existen dos grandes tipos de vitaminas: las **liposolubles** (A, D, E, K), que se disuelven en grasas y aceites, y se almacenan en el hígado y tejidos adiposos; y las vitaminas **hidrosolubles** (C y complejo B), que se disuelven en el agua, por lo que pasan en parte al agua de lavado de un alimento o al agua de cocción de éste. Por eso, muchos alimentos elaborados no aportan al final la misma cantidad de vitaminas que contienen inicialmente.

A pesar de ser elementos esenciales para la vida, las necesidades de cada vitamina, que varían según la persona, son pequeñísimas en relación a otros nutrientes. La toma en exceso puede ser perjudicial al intoxicar el organismo. En el caso de las vitaminas hidrosolubles, la ingestión en exceso se excretaría por la orina.

Plantas que curan

La **menta** (*Mentha piperita*)

La **menta** (*Mentha piperita*) ocupa un lugar destacado entre las plantas que actúan sobre el estómago, el intestino y la vesícula biliar. Su principio activo es su esencia, de la cual el mentol constituye entre el 50 y el 85 %. Ésta es la razón por la cual la menta exhala ese aroma agradable y fuerte tan característico.

Además, es la solución para niños y pacientes difíciles que se niegan a tomar una infusión o medicamento que tenga sabor amargo.

Si sientes espasmos en el estómago y en los intestinos, y sobre todo si estos vienen acompañados de flatulencias, puedes tomar regularmente infusiones de menta (unos 30 g de la planta seca por litro de agua), pues alivian de forma muy rápida.

La misma medida puede seguirse en caso de diarrea.

Muchas personas que dejan de tomar café de forma habitual sustituyen esta bebida por las infusiones de menta. Sin embargo, la infusión preparada exclusivamente con menta no ha de tomarse todas las mañanas o noches, pues se alcanzaría una dosis demasiado elevada; por ello se recomienda mezclarla con otras plantas medicinales (por ejemplo, poleo), pues entonces es inocua.

En uso externo, se emplea la menta para unciones y masajes, así como también para lociones y lavados.

MENTA
(*Mentha piperita*)

Ese trasparente e insulso líquido divino

El agua es un bien abundante en la naturaleza, que cubre el 71 % de la superficie del planeta y constituye una parte muy importante del organismo de todos los seres vivos; en el cuerpo humano representa entre un 60 y un 70 % de su peso total. Ni la respiración celular ni la asimilación por parte de las células de las sustancias nutritivas de los alimentos pueden llevarse a cabo cuando falta el agua. El agua contribuye a la absorción de los alimentos en el intestino, transporta diluidos en la sangre los hidratos de carbono, las grasas, las proteínas, las sales minerales y las vitaminas de los alimentos. La **eliminación** del agua de nuestro cuerpo se produce de cuatro modos diferentes: a través del riñón con la orina, a través del tubo digestivo con las heces, a través de la piel con el sudor, y a través del aparato respiratorio, en forma de vapor de agua, con el aire espirado.

Sin el agua no podríamos sobrevivir más de cinco días. En los climas templados, la cantidad mínima necesaria es de un litro de agua al día, aunque la cantidad ideal sería de unos dos litros. Cuando se vive en climas cálidos o se realiza ejercicio de forma regular, las necesidades de agua son superiores.

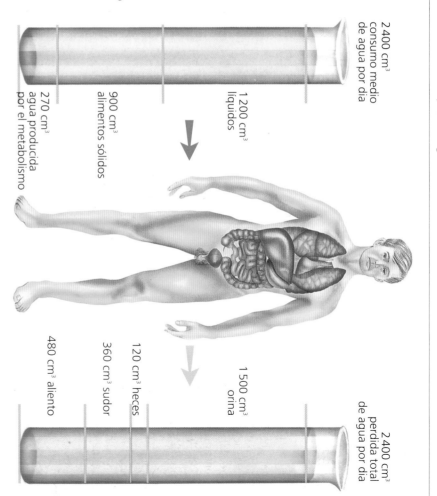

2400 cm³
consumo medio
de agua por día

1 200 cm³
líquidos

900 cm³
alimentos sólidos

270 cm³
agua producida
por el metabolismo

1 500 cm³
orina

120 cm³ heces

360 cm³ sudor

480 cm³ aliento

2400 cm³
perdida total
de agua por día

El consumo medio de agua roza los 240 litros diarios por persona. Las previsiones apuntan a que en el próximo decenio esta cifra ascenderá a 320 litros por habitante y día.

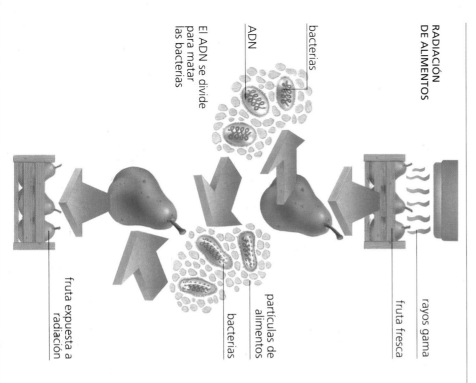

RADIACIÓN DE ALIMENTOS

bacterias

ADN

El ADN se divide para matar las bacterias

rayos gama

fruta fresca

partículas de alimentos

bacterias

fruta expuesta a radiación

Conservación de los alimentos

El tiempo de conservación de los alimentos varía considerablemente. No existen reglas fijas para saber cuánto tiempo se va a conservar un alimento; esto depende en gran parte de su **calidad** inicial y también de la temperatura a la que se ha conservado, el sistema utilizado para envasarlo y su **humedad**. La mayoría de los alimentos envasados llevan adherida una etiqueta con las instrucciones para su conservación, y muchos también la fecha de caducidad o de consumo preferente.

Los microorganismos se reproducen muy lentamente si la temperatura ambiente es inferior a 5 °C. Por ello, las carnes, los huevos, los derivados lácteos y otros productos perecederos deben conservarse a esta temperatura. Las carnes rojas y blancas pueden conservarse en la nevera envueltas en su embalaje original unos dos días. Si la conservación debe prolongarse, se ha de envolver la carne en plástico especial.

En realidad, existen diversas técnicas para la conservación de los alimentos, según las características de cada uno. Se les puede aplicar calor o frío, o pueden pasar por un proceso de deshidratación, de salazón o de protección con agentes externos. Pero la técnica más nueva quizá sea la **radiación**. Al bombardear un alimento con una cantidad específica de rayos gamma se destruyen las bacterias, el moho y otros parásitos, además de ralentizarse el proceso de maduración y germinación de las verduras. Sin embargo, las modificaciones químicas que estas radiaciones pueden provocar en los alimentos son todavía poco conocidas.

ALIMENTOS Y FORMAS DE COCINADO	PROTEÍNAS %	GRASAS %	HIDRATOS CARBONO %	CALORÍAS POR 100 g
Repostería				
Bizcocho	6,1	27,2	64,9	521
Donuts	6,0	15,8	48,8	355
Pastas de hojaldre	6,7	42,0	45,6	589
Pastelitos	7,7	33,4	54,9	548
Tarta de manzana	1,9	7,5	30,0	190
Cereales y productos derivados				
Arroz hervido	2,1	0,3	29,6	122
Arroz inflado y tostado	5,7	1,1	85,1	351
Copos de cereales	12,6	4,5	58,0	311
Copos de maíz tostado	6,6	0,8	88,2	367
Galletas «Cracker» (crujientes)	9,6	16,3	68,3	447
Galletas digestivas	9,6	20,5	66,0	481
Harina blanca corriente	11,2	1,5	77,5	350
Harina integral	8,9	2,2	73,4	333
Harina de maíz	0,5	0,7	92,0	354
Macarrones hervidos	3,4	0,6	25,2	114
Natillas preparadas	3,4	3,9	17,5	116
Pan blanco	7,8	1,4	52,7	243
Pan integral	8,2	2,0	47,1	228
Sémola	10,7	1,8	77,5	352
Spaghetti	9,9	1,0	84,0	365
Surtido de galletas	7,4	13,2	75,3	435
Productos lácteos y huevos				
Clara de huevo	9,0	Vest.	Vest.	37
Huevo frito	14,1	19,5	Vest.	230
Huevos escalfados	12,4	11,7	Vest.	160
Leche condensada, completa y endulz.	8,2	12,0	56,0	354
Leche en polvo descremada	34,5	0,3	49,1	326
Leche fresca completa	3,4	3,7	4,8	66
Leche fresca descremada	3,5	0,2	5,1	35
Mantequilla	0,4	85,1	Vest.	793
Queso cremoso	3,3	86,0	Vest.	813
Queso azul	23,0	29,2	Vest.	366
Queso de Camembert	22,8	23,2	Vest.	309
Queso de Gruyère	37,6	33,4	Vest.	465
Queso parmesano	35,1	29,7	Vest.	420
Yema de huevo	16,2	30,5	Vest.	350
Yogur bajo en grasas	4,7	1,8	4,9	54
Aceites y grasas				
Aceite de oliva	Vest.	99,9	0,0	930
Manteca de cerdo	Vest.	99,0	0,0	920
Margarina	0,2	85,3	0,0	795
Carnes, aves de corral y caza				
Conejo asado	31,2	7,0	0,0	193
Chuleta de cerdo asada	18,6	50,3	0,0	544
Chuleta de ternera asada	30,4	8,1	4,4	216
Chuletas de cordero asadas	19,5	45,0	0,0	500
Chuletas de cordero fritas	15,4	60,1	2,6	629
Embutido	5,3	22,5	14,7	286
Filete de ternera a la plancha	25,2	21,6	0,0	304
Filete de ternera frito	20,4	20,4	0,0	273
Hígado de buey frito	29,5	15,9	4,0	284
Hígado de ternera frito	29,0	14,5	2,4	262
Jamón hervido	16,3	39,6	0,0	435
Jamón	15,2	29,9	Vest.	340
Mollejas de ternera	22,7	9,1	0,0	178
Liebre estofada	29,2	8,0	0,0	194
Lomo de ternera asado	26,7	15,0	0,0	249
Pato asado	22,8	23,6	0,0	313
Pavo asado	30,2	7,7	0,0	196
Perdiz asada	35,2	7,2	0,0	211
Pierna de cerdo asada	24,6	23,2	0,0	317
Pierna de cordero asada	25,0	20,4	0,0	292
Pollo asado	29,6	7,3	0,0	189
Pollo hervido	26,2	10,3	0,0	203
Salchichas de cordero fritas	11,5	24,8	12,7	326
Salchichas de ternera fritas	13,8	18,4	15,7	287
Sesos de ternera asado	12,0	5,8	0,0	103
Solomillo de ternera asado	30,5	11,5	0,0	232
Tocino curado crudo	15,3	28,2	0,0	325
Tocino curado frito	31,3	33,9	0,0	444
Tocino entreverado frito («bacon»)	24,0	46,0	0,0	526
Venado asado	33,5	6,4	0,0	197

Necesidades calóricas

El cuerpo necesita alimentarse para producir calor, reconstruir tejidos y producir la energía implicada en el mantenimiento de sus funciones físicas y químicas. Las necesidades energéticas pueden variar considerablemente. Una manera fácil de mejorar la **dieta** es comer mucha fruta fresca o verduras, muy nutritivas y bajas en calorías, además de proporcionar una sensación de saciedad. En cambio se deben evitar aquellos alimentos que poseen un elevado contenido en grasas y calorías, tales como los productos preparados y los pasteles. No es imprescindible que se coma en menor cantidad. La clave está en un justo equilibrio, en escoger los alimentos adecuados entre la gran variedad de **productos naturales**.

La actividad física ayuda a no engordar ya que quema una gran cantidad de calorías. El **ejercicio** incrementa, asimismo, el metabolismo y, consecuentemente, las calorías que el cuerpo quema durante el período de reposo.

NECESIDADES CALÓRICAS (media por día)

EDAD	RITMO DE VIDA	HOMBRES	MUJERES
18 - 35 AÑOS	VIDA POCO ACTIVA	2 500	1 900
	VIDA ACTIVA	3 000	2 150
	VIDA MUY ACTIVA	3 500	2 500
	EMBARAZO		2 400
	LACTANCIA		2 800
36 - 55 AÑOS	VIDA POCO ACTIVA	2 400	
	VIDA ACTIVA	2 800	
	VIDA MUY ACTIVA	3 400	
MÁS DE 56 AÑOS	VIDA POCO ACTIVA	2 200	1 700
	VIDA ACTIVA	2 500	2 000

Las enérgicas calorías

Normalmente, la energía se mide en **calorías (cal)**. Una caloría es la cantidad de energía necesaria para aumentar la temperatura de un gramo de agua en un grado centígrado. Dado que la caloría es una unidad extremadamente pequeña, cuando se refiere al valor energético de los alimentos se emplea la **kilocaloría (kcal)**: el equivalente a 1 000 calorías. La cantidad de calorías que se necesitan cada día depende del nivel de actividad y del gasto energético básico. Una mujer adulta necesita, como promedio, unas 1 500 kcal, mientras que un hombre necesita 2 500 kcal. Un adolescente que realice una actividad normal necesita entre 2 000 y 2 500 kcal diarias. La necesidad de calorías aumenta si se realiza un trabajo pesado, un ejercicio físico intenso o se vive en un clima frío. Pero también el metabolismo de cada persona influye en el gasto de energía. Hay personas que, aunque no realicen una actividad física intensa, gastan las calorías más deprisa que otras que tienen tendencia a almacenar energía en forma de grasa.

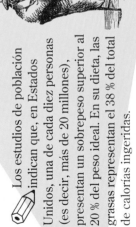

Los estudios de población indican que, en Estados Unidos, una de cada diez personas (es decir, más de 20 millones), presentan un sobrepeso superior al 20 % del peso ideal. En su dieta, las grasas representan el 38 % del total de calorías ingeridas.

ALIMENTOS Y FORMAS DE COCINADO	PROTEÍNAS %	GRASAS %	HIDRATOS CARBONO %	CALORÍAS POR 100 g
Pescado				
Arenque frito	21,8	15,1	1,5	235
Bacalao fresco al vapor	22,0	0,8	0,0	97
Bacalao fresco frito	20,4	8,3	3,6	175
Berberechos	11,0	0,3	Vest.	48
Boquerones en conserva	21,9	10,8	0,0	191
Boquerones fritos	18,3	47,5	5,3	437
Caballa frita	20,0	11,3	0,0	187
Cangrejo hervido	19,2	5,2	0,0	127
Chirlas al vapor	22,4	1,4	Vest.	105
Langosta hervida	21,2	3,4	0,0	119
Langostinos	21,2	1,8	0,0	104
Lenguado al vapor	17,6	1,3	0,0	84
Lenguado frito	20,1	18,4	5,4	274
Lubina al vapor	19,5	5,1	0,0	127
Mejillones hervidos	16,8	2,0	0,0	87
Merluza al vapor	18,0	0,9	0,0	82
Merluza asada	27,0	5,3	Vest.	140
Merluza frita	20,7	0,9	2,9	160
Ostras crudas	10,2	0,9	0,0	50
Pastel de pescado	14,9	9,5	6,5	174
Rodaballo al vapor	20,7	1,6	0,0	100
Salmón en conserva	19,7	6,0	0,0	137
Salmón fresco al vapor	19,1	13,0	0,0	199
Salmonete al vapor	21,4	4,3	0,0	128
Sardinas en conserva	20,4	22,6	0,0	294
Trucha al vapor	22,3	4,5	0,0	133
Frutas				
Aceitunas en salmuera	0,9	11,0	Tr.	106
Aguacate	1,1	8,0	2,5	88
Albaricoque en almíbar (conserva)	0,5	Vest.	27,7	106
Albaricoque fresco	0,6	Vest.	6,7	28
Albaricoque seco	4,8	Vest.	43,4	183
Arándanos	0,4	Vest.	3,5	15
Cerezas frescas	0,6	Vest.	11,9	47
Ciruelas pasas sin azúcar	1,2	Vest.	20,2	81
Dátiles	2,0	Vest.	63,9	248
Frambuesas	0,8	Vest.	3,4	17
Frambuesas en conserva	0,6	Vest.	26,2	101
Fresas	0,6	Vest.	6,2	26
Grosellas silvestres maduras	0,8	Vest.	9,2	37
Grosellas sin azúcar	0,6	Vest.	3,4	16
Higos frescos	1,3	Vest.	9,5	41
Higos secos	3,6	Vest.	52,9	214
Limón	0,8	Vest.	3,2	15
Mandarina	0,8	Vest.	8,0	34
Mandarinas en conserva	0,9	Vest.	16,6	64
Manzanas al horno	0,3	Vest.	10,0	39
Manzanas frescas	0,3	Vest.	12,2	47
Melocotón en almíbar (conserva)	0,4	Vest.	22,9	87
Melocotón fresco	0,6	Vest.	9,1	37
Melón amarillo	0,6	Vest.	5,0	21
Melón Cantaloupe	1,0	Vest.	5,3	24
Naranjas	0,8	Vest.	8,5	35
Pasas	0,6	Vest.	9,6	38
Pasas secas	1,1	Vest.	64,4	247
Peras en almíbar (conserva)	0,4	Vest.	20,0	77
Peras frescas	0,2	Vest.	10,4	40
Piña americana en almíbar (conserva)	0,3	Vest.	20,2	77
Piña americana fresca	0,5	Vest.	11,6	46
Plátanos	1,1	Vest.	19,2	77
Pomelos	0,6	Vest.	5,3	22
Uvas blancas	0,6	Vest.	16,1	63
Uvas negras	0,6	Vest.	15,5	60
Zumo de naranja	0,6	Vest.	9,4	38
Frutos secos				
Almendras	20,5	53,5	4,3	598
Cacahuetes	28,1	49,0	8,6	603
Coco fresco	3,8	36,0	3,7	365
Nueces (nogal)	12,5	51,5	5,0	549

ALIMENTOS Y FORMAS DE COCINADO	PROTEÍNAS %	GRASAS %	HIDRATOS CARBONO %	CALORÍAS POR 100 g
Verduras				
Achicoria	0,8	Vest.	1,5	9
Alcachofas cocidas	1,1	Vest.	2,7	15
Alubias guisadas	6,6	Vest.	16,6	89
Apio crudo	0,9	Vest.	1,3	9
Berros crudos	2,9	Vest.	0,7	15
Bróquil hervido	3,1	Vest.	0,4	14
Calabacín cocido	0,4	Vest.	0,8	8
Calabaza cocido	1,1	Vest.	1,4	7
Cebollas cocidas	0,6	Vest.	5,2	23
Cebollas crudas	0,9	Vest.	2,7	13
Cebollas fritas	1,8	33,3	10,1	355
Col de invierno cruda	2,2	Vest.	3,8	8
Col de primavera hervida	1,1	Vest.	0,8	7
Coles de Bruselas cocidas	2,4	Vest.	1,7	16
Col roja cruda	1,7	Vest.	3,5	20
Coliflor cocida	1,5	Vest.	1,2	11
Champiñones crudos	1,8	Vest.	0,0	7
Champiñones fritos	2,2	22,3	0,0	217
Endivias crudas	1,8	Vest.	1,0	11
Espárragos cocidos	3,4	Vest.	1,1	18
Espinacas cocidas	5,1	Vest.	1,4	26
Guisantes en conserva	5,9	Vest.	16,5	86
Guisantes hervidos frescos	5,0	Vest.	7,7	49
Habas cocidas	4,1	Vest.	7,1	43
Judías verdes cocidas	0,8	Vest.	1,1	7
Lechuga cruda	1,1	Vest.	1,8	11
Lentejas cocidas	6,8	Vest.	18,3	96
Nabos cocidos	0,9	Vest.	3,8	18
Patatas fritas	3,8	37,6	49,3	559
Patatas nuevas cocidas	1,6	Vest.	18,3	75
Patatas viejas asadas	2,8	1,0	27,3	123
Patatas viejas cocidas	1,4	Vest.	19,7	80
Patatas viejas en puré	1,5	5,0	18,0	120
Patatas viejas fritas	3,8	9,0	37,3	239
Patatas viejas horneadas con piel	2,5	Vest.	25,0	104
Pepino crudo	0,6	Vest.	1,8	9
Puerros cocidos	1,8	Vest.	4,6	25
Remolacha	1,8	Vest.	9,9	44
Tomates crudos	0,9	Vest.	2,8	14
Tomates fritos	1,0	5,9	3,3	71
Zanahorias en conserva	0,7	Vest.	4,4	19
Zanahorias tiernas cocidas	0,9	Vest.	4,5	21
Zanahorias viejas cocidas	0,9	Vest.	5,4	23
Zanahorias viejas crudas	0,7	Vest.	5,4	23
Azúcar, conservas y confituras				
Almíbar	0,3	0,0	79,0	297
Azúcar	Vest.	0,0	99,5	394
Chocolate	5,6	35,2	52,5	544
Chocolate con leche	8,7	37,6	54,5	588
Helado de crema	4,1	11,3	19,8	196
Jalea	6,1	0,0	62,5	259
Menta	Vest.	0,7	102,2	391
Mermelada	0,5	Vest.	69,5	261
Miel (en jarra)	0,4	Vest.	76,4	288
Bebidas				
Cacao	20,4	25,6	35,0	452
Café	12,5	15,4	28,5	301
Nescafé	11,9	0,0	0,0	90
Té	14,1	0,0	0,0	58
Zumo de limón	0,3	Vest.	33,7	126
Zumo de naranja	0,3	Vest.	35,8	136
Zumo de piña	0,4	0,1	13,4	53
Bebidas alcohólicas				
Cerveza	0,25	Vest.	2,3	31
Cerveza inglesa negra	0,25	Vest.	3,0	28
Sidra dulce	Vest.	0,0	4,3	42
Sidra seca	Vest.	0,0	2,7	37
Jerez seco	0,3	0,0	1,4	135
Jerez dulce	0,2	0,0	6,9	152
Oporto	0,2	0,0	11,4	114
Champán	0,13	0,0	1,4	72
Vino blanco fuerte	0,25	0,0	3,4	73
Vino blanco suave	0,25	0,0	5,9	93
Borgoña	0,13	0,0	0,4	72
Licores con 70% de alcohol	Vest.	0,0	Vest.	222

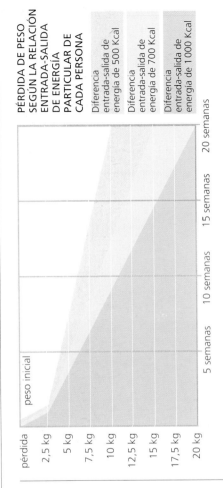

PÉRDIDA DE PESO SEGÚN LA RELACIÓN ENTRADA-SALIDA DE ENERGÍA PARTICULAR DE CADA PERSONA	
	Diferencia entrada-salida de energía de 500 Kcal
	Diferencia entrada-salida de energía de 700 Kcal
	Diferencia entrada-salida de energía de 1 000 Kcal

pérdida	peso inicial
2,5 kg	
5 kg	
7,5 kg	
10 kg	
12,5 kg	
15 kg	
17,5 kg	
20 kg	

5 semanas   10 semanas   15 semanas   20 semanas

Consejos para adelgazar

- Proponte una meta alcanzable: un kilo o un kilo y medio está bien para empezar la primera semana.
- Escoge una dieta variada y equilibrada, rica en fibra y pobre en grasas y carbohidratos elaborados.
- Toma tres comidas diarias de cantidad moderada.
- Evita cenar tarde y abundantemente.
- Come despacio, utiliza platos más pequeños y no mires la televisión durante las comidas.
- Evita las bebidas alcohólicas y azucaradas, ricas en calorías. Bebe agua o zumos naturales.
- Camina todo lo que puedas, desplázate en bicicleta o apúntate a un gimnasio si crees que te puede servir como motivación.
- Acude al médico o dietista para que te asesore y controle tu evolución.

Algunas píldoras anticonceptivas provocan retención de líquidos en ciertas mujeres, y esto podría ser motivo de que engordaran hasta unos 3 kg.

¿Perder agua o perder grasas?

Las necesidades calóricas medias varían según el sexo, la edad y el tipo de actividad, por lo que es muy difícil saber el número de calorías que gastamos diariamente. En todo caso, cualquiera que sea la disminución del número de calorías ingeridas, la mayor pérdida de peso se registra durante la **primera semana**, más que en las siguientes. Esto sucede generalmente porque, en situaciones de déficit energético, el cuerpo recurre a la glucosa almacenada en los músculos. Estas reservas llevan **mucha agua**, por lo que durante la primera semana se pierden varios kilos de agua, junto con algo de grasas. Esto suele suceder con numerosos regímenes alimenticios: a la segunda semana, el cuerpo pierde peso muy lentamente; la persona que sigue la dieta se desilusiona, recupera el peso perdido (mayoritariamente agua) con facilidad y acaba por abandonarla.

La gráfica adjunta responde a valores teóricos para un mismo grado de adelgazamiento durante 20 semanas. Sin embargo, hay que considerar que no es usual mantener un régimen estricto durante ese tiempo y que, además, el organismo puede llegar a adaptarse a un consumo inferior de calorías; entonces, la pérdida de peso es todavía menor.

Dietas más comunes

No existe régimen alguno que garantice una rápida y duradera pérdida de peso. En todo caso, sólo es posible recomendar una dieta variada, equilibrada y basada en productos frescos, naturales e integrales. En la tabla adjunta se indican los principales tipos de dietas, con sus ventajas e inconvenientes. Esta tabla tiene un valor puramente informativo, ya que es imprescindible seguir el consejo del médico o dietista, el cual ajustará el régimen alimenticio a las necesidades de cada persona.

DIETAS MÁS COMUNES

TIPO	COMPOSICIÓN	VENTAJAS	DESVENTAJAS	EFECTIVIDAD/GARANTÍA
Disociada	Un solo tipo de alimento; por ejemplo, toda clase de fruta, o sólo yogur.	Ninguna ventaja.	Hambre, aburrimiento y problemas intestinales.	No se recomienda. Causa una pérdida proteica en los músculos, y de agua en los tejidos. La deficiencia nutricional resulta inevitable.
Dieta rica en fibra	Una gran variedad de alimentos ricos en fibra, por ejemplo, fruta fresca y verduras, productos integrales y nueces.	Ayuda a calmar el hambre sin comer demasiadas calorías.	Demasiada fibra causa flatulencia e indigestión.	Una forma segura de perder peso, siempre y cuando se tomen una gran variedad de alimentos ricos en fibras.
Dieta líquida de bajo contenido calórico	Un líquido a base de harina de soja y sólidos de leche con poca grasa, pero rico en proteínas.	No cambia los hábitos alimentarios.	Produce varios efectos secundarios pudiendo agravar los trastornos metabólicos. El control médico es indispensable.	Provoca pérdida del tejido muscular, pero puede ser útil en los casos de obesidad extrema y cuando otras dietas han fracasado.
Dieta de bajo contenido en carbohidratos y rica en proteínas	Ningún carbohidrato o sólo muy pocos; pequeñas cantidades de alimentos ricos en proteínas. Cantidad de calorías ilimitada.		Monótono, poco agradable al paladar, desequilibrado. Nula o muy poca reducción de grasa en el cuerpo.	Puede ser nociva debido a la gran pérdida de líquido y proteínas en los tejidos.
Dieta equilibrada y con control de calorías	Gran variedad de nutrientes, baja en grasas, con menús especiales que controlan la ingestión de calorías.	La mayoría de las personas perderán peso si no exceden las 1200 a 1500 calorías diarias y si incluyen un programa de ejercicios regulares.		Altamente recomendable. Enseña unos hábitos alimenticios sanos que se podrán seguir incluso después del tratamiento.

Remedios drásticos

Existen una serie de productos farmacéuticos que representan una medida drástica para adelgazar. Estos productos son, por sí mismos, totalmente desaconsejables, y sólo se tomarán en combinación con una dieta sana y equilibrada, y bajo un estricto control médico. Además de **pastillas** para suprimir el apetito, también se venden **diuréticos y laxantes** con fines adelgazantes. Sin embargo, estos productos no ayudan a perder la grasa y, en numerosas ocasiones, perjudican la flora bacteriana del aparato digestivo.

La **intervención médica** es un procedimiento radical sólo aconsejable en aquellos casos en los que la obesidad representa un riesgo para la salud. En general, sólo se emplea en las personas que duplican su peso ideal o tienen más de 45 kg de exceso de peso. Estas medidas quirúrgicas incluyen:

- La sujeción de las mandíbulas, para restringir la ingestión de alimentos.
- La cirugía del estómago, para reducir su tamaño.
- El *by-pass* intestinal, para evitar la absorción de los alimentos.

Ejercicios de adelgazamiento

Además de los ejercicios de «manos libres», indicados a continuación, puede ser interesante disponer en casa de una bicicleta fija para pedalear, un aparato de remo y tensores. La sesión de gimnasia ha de iniciarse con un **precalentamiento**, por ejemplo, saltando ligeramente sobre los dos pies sin elevarse demasiado.

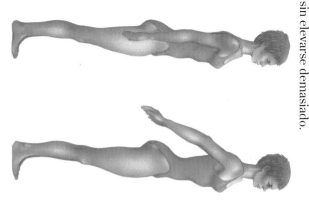

• *Ejercicio de cuello y hombros:* en posición erguida, con el estómago metido y los brazos a lo largo del cuerpo, balancea los brazos hacia delante y gíralos de forma que las palmas se miren y los pulgares apunten hacia atrás. Repite el ejercicio 8 o 10 veces.

• *Ejercicio de caderas:* sentado sobre el hueso de la cadera izquierda, con las piernas hacia la derecha y los brazos extendidos hacia delante, mantén la espalda erguida y los brazos extendidos. Levanta la cadera y bájala sobre el hueso de la cadera derecha. Repite unas 10 veces a cada lado.

Durante el embarazo, la mujer aumenta su peso entre 9,5 y 12,5 kg; si sobrepasa este límite, se deberá probablemente a que habrá aumentado los depósitos de grasa que tenía antes del embarazo.

• *Ejercicio de tórax:* echado boca abajo, con las manos bajo los hombros y los dedos apuntando hacia dentro, levanta la parte superior del cuerpo, sin despegar la pelvis del suelo, y baja otra vez. Repite el ejercicio 5 veces.

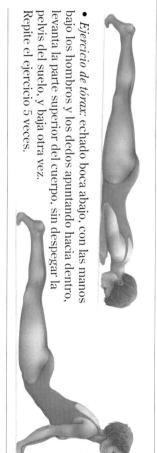

• *Ejercicio de abdomen:* tumbado de espaldas, con las piernas estiradas, sin arquear nunca la espalda, y las palmas boca abajo, junto al cuerpo, flexiona las rodillas y llévalas hacia el pecho. Estira de nuevo las piernas, manteniendo los pies a unos centímetros del suelo. Intenta no bajar las piernas hasta repetirlo unas 8 o 10 veces.

• *Ejercicio de piernas:* con una mano apoyada sobre una mesa o una silla, los talones juntos y las puntas de los pies separadas, y la espalda recta, agáchate y enderézate sobre las puntas de los pies; luego, baja los talones. Repite el ejercicio 10 o 15 veces.

Los hombres que sobrepasan su peso ideal en más de un 40 % tienen un riesgo de un 33 % superior de morir por algún tipo de cáncer. En las mujeres con este grado de obesidad, el riesgo de morir es un 55 % superior al de las mujeres de peso normal.

Anorexia

Aunque muchos adolescentes se someten a dietas adelgazantes, sólo algunos sufren trastornos graves como la anorexia nerviosa, que afecta a uno de cada 2 000 chicos y a una de cada 100 chicas adolescentes. Los anoréxicos sufren un **trastorno psicológico o conductual**, el cual les impide alimentarse correctamente porque creen que están gordos. El problema fundamental de la anorexia nerviosa reside en que los individuos que la padecen poseen una **percepción anormal** del tamaño y configuración de su cuerpo; incluso cuando alcanzan un punto de delgadez extrema, estas personas siguen considerándose obesas.

La anorexia nerviosa no se puede curar simplemente obligando al enfermo a comer correctamente. Es necesario un tratamiento médico profesional urgente, ya que cuanto más avance la enfermedad, más difícil será curarla.

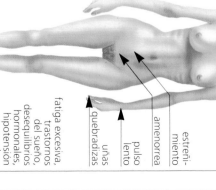

EFECTOS DE
LA ANOREXIA
NERVIOSA

aspecto enfermo y
pérdida del cabello

estreñi-
miento

amenorrea

pulso
lento

uñas
quebradizas

caries dental
y mal aliento

demacración

depresión

fatiga excesiva,
trastornos
del sueño,
desequilibrios
hormonales,
hipotensión
postural en
bipedestación

Peligros de la obesidad

Las personas con un notable exceso de peso corren un mayor riesgo de desarrollar cierta clase de enfermedades, e incluso algunos tipos de cáncer, lo que influye notablemente en su esperanza media de vida. Las personas obesas son más propensas a las **enfermedades cardiovasculares** (ataque al corazón, angina de pecho, infarto de miocardio, etc.), ya que suelen tener una presión sanguínea alta y un nivel de colesterol excesivamente elevado. Además, su capacidad para realizar algún tipo de ejercicio es bastante reducida. Si la grasa se concentra alrededor de la región abdominal, lo que suele suceder en la mayoría de los casos, el riesgo es mayor que cuando se concentra en la zona pélvica o en los muslos.

Las personas obesas también son propensas a sufrir **diabetes** porque sus tejidos están constituidos por un mayor número de células, y el suministro de insulina resulta insuficiente para atender a la demanda del organismo. En cualquier caso, las personas que padecen obesidad han de controlarse con frecuencia la presión sanguínea, los niveles de glucosa y el colesterol.

Obesidad infantil

La acumulación de grasas durante la infancia es muy variable. En el momento del nacimiento, la grasa constituye un 15 % del peso total del recién nacido, que puede ir aumentando hasta un 26 % a los seis meses de edad y, después, disminuir paulatinamente con el incremento de su actividad.

Es importante tomar las medidas necesarias para evitar la obesidad infantil, ya que ciertas investigaciones afirman que es en las edades más tempranas cuando se forman las **células adiposas** del organismo, y que, por tanto, los niños con exceso de peso son los adultos obesos del mañana. Las medidas más elementales para evitar la obesidad infantil son:

• No forzar al recién nacido a tomar más de lo que le apetece.
• No insistir en que deje el plato limpio.
• No ofrecerle una determinada comida como recompensa a una buena conducta.
• Darle tentempiés sanos en lugar de dulces y golosinas.
• Animarle a practicar algún deporte.

En un hombre adulto joven, alrededor del 15-20 % del peso corporal corresponde a grasas. En una mujer de la misma edad, el porcentaje se eleva al 20-25 %.

La prueba del pellizco

Para averiguar cuánta grasa tienes acumulada, trata de pellizcar tu piel con el pulgar y el índice, sin coger tejido muscular. Si pellizcas un grosor de grasa superior a 2 cm, probablemente presentas un exceso de peso.

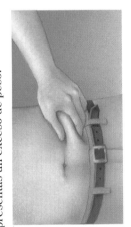

También puedes hacerte la misma prueba en la parte superior del brazo o en el omóplato. Cuando acudas al médico o dietista, éste te aplicará un **compás de espesores**, un aparato que registra el grosor de los pliegues de la piel y permite calcular la grasa.

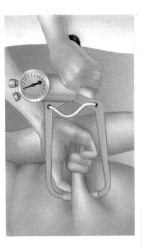

Las oscilaciones del equilibrio hídrico del organismo pueden aportar o sustraer temporalmente de 0,5 a 2,5 kg. Este tipo de fluctuaciones se producen por alteración de los niveles hormonales y por la transpiración.

Tu peso ideal

La grasa debe ocupar un 15-20 % del peso de un hombre adulto, y un 20-25 % en el caso de una mujer, aunque estas proporciones se incrementan ligeramente con la edad.
En la actualidad se cree que la valoración más fiable de la obesidad se obtiene a través del denominado **índice de masa corporal (IMC)**, que se calcula con la siguiente fórmula:

$$IMC = \frac{peso\ (kg)}{estatura^2\ (m)}$$

Tanto para hombres como para mujeres, es correcto un IMC comprendido entre 20 y 25, mientras que se considera peligroso un IMC superior a 30.
El peso ideal, es decir, el de nuestra **máxima esperanza de vida**, depende de numerosos factores: edad, sexo, constitución, estatura..., pero, en general, se aceptan las tablas de peso ideal elaboradas por las compañías de seguros estadounidenses. Estas tablas reflejan el peso con mayor expectativa estadística de vida, aunque esta sólo se reduce apreciablemente con un peso superior al 20 % de lo indicado.

TABLA DEL PESO IDEAL

	HOMBRES				MUJERES		
Estatura (cm)	Complexión ligera	Complexión media	Complexión pesada	Estatura (cm)	Complexión ligera	Complexión media	Complexión pesada
150	47-51	50-55	53-59	140	37-41	39-46	43-50
152	48-52	51-56	54-60	142	38-42	40-46	44-51
154	49-53	52-57	55-61	144	39-43	41-47	45-52
156	50-54	53-58	56-62	146	40-44	42-48	46-53
158	51-55	54-59	57-64	148	41-45	43-49	47-54
160	52-56	55-60	58-65	150	42-46	44-50	48-55
162	53-57	56-62	59-67	152	43-47	46-51	49-57
164	54-58	57-63	61-68	154	44-48	47-52	50-58
166	55-59	58-64	62-70	156	45-49	48-53	51-59
168	56-61	59-65	63-71	158	46-50	49-54	52-60
170	58-62	60-67	64-73	160	47-51	50-55	53-61
172	59-64	62-68	66-75	162	48-52	51-57	54-62
174	61-65	63-70	67-76	164	49-54	52-58	56-64
176	62-66	65-71	69-78	166	50-55	53-60	57-65
178	63-67	66-73	70-79	168	52-56	54-62	59-67
180	65-70	68-75	72-81	170	53-58	56-63	60-68
182	66-71	69-76	73-83	172	54-59	57-64	61-69
184	68-73	71-78	75-85	174	56-60	59-66	63-71
186	69-74	73-80	76-86	176	57-62	60-67	64-72
188	71-76	74-82	78-88	178	59-64	61-69	66-74
190	72-77	75-84	80-90	180	60-65	63-70	67-76

Masticar bien y digerir correctamente

Cuando se mastica un alimento, se **corta** y se **tritura** con los dientes hasta que se convierte en el bolo alimenticio, que se puede tragar fácilmente.

Cada tipo de diente está especializado en una forma distinta de masticar.

Los **incisivos** actúan como una cizalla, cortando los alimentos, sobre todo si no son muy duros, como el pan. Los puntiagudos **caninos** se utilizan más para desgarrar, por ejemplo, la carne.

Después de haberlos cortado y desgarrado, los alimentos suelen ser triturados por los **premolares** y por los **molares**.

Al objeto de que cada grupo de dientes realice correctamente su trabajo en la masticación de los alimentos, se debe procurar:

- Tomar la comida en bocados pequeños.
- Masticar despacio.
- Masticar por ambos lados de la boca.
- No tragar hasta que el bolo alimenticio esté bien formado.

Comer de prisa y masticar poco son los dos mayores enemigos de una digestión correcta. Los jugos digestivos actúan con más facilidad sobre el bolo alimenticio si los alimentos se han masticado bien. Si comes deprisa y masticas poco, es evidente que tendrás una digestión pesada.

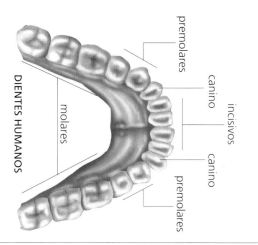

DIENTES HUMANOS

molares

premolares

canino

incisivos

canino

premolares

molares

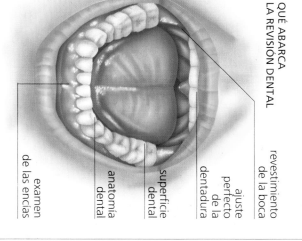

Investigaciones realizadas en los Países Bajos parecen demostrar que la fluorización del suministro de agua reduce la incidencia de la caries dental en un 50 %, y el número de extracción de piezas, en un 85 %.

La visita al dentista

Para mantener una boca sana se debe consultar al dentista cada seis meses, ya que el tratamiento precoz de la caries y de las encías enfermas evita daños mayores.

El revestimiento de la boca debe revisarse para detectar cualquier posible enfermedad, al tiempo que han de corregirse los defectos de la anatomía dental: exceso de muelas, desgaste irregular, falta de algún diente, etc. Además, con el examen de las encías también se podrán detectar posibles enfermedades.

Las **radiografías** revelarán los trastornos dentales y de las encías que no se observan a simple vista.

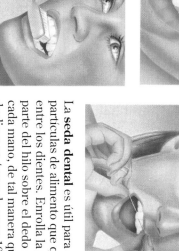

QUÉ ABARCA
LA REVISIÓN DENTAL

revestimiento
de la boca

ajuste
perfecto
de la
dentadura

superficie
dental

anatomía
dental

examen
de las encías

La limpieza de nuestra trituradora

Hoy en día, la alimentación contiene tanto azúcar que resulta muy difícil prevenir la **caries** dental. No obstante, una buena higiene bucal, comer menos productos que contengan azúcar y las visitas regulares al dentista ayudan a reducir la incidencia de caries.

Si se cepillan los dientes después de cada comida, se eliminan todos los restos de alimentos y se previene la acumulación de la **placa dental**, una capa compuesta por saliva, bacterias y partículas de comida.

La mejor técnica para cepillar bien los dientes es la de ir cepillando de un lado a otro y, después, desde arriba hacia abajo, haciendo pequeños movimientos circulares. La formación de placa dental se inicia donde se juntan el diente y la encía, lugar en el que se debe iniciar el cepillado. Es conveniente empezar por el lado interior, seguir por la superficie y acabar por la parte exterior de los dientes

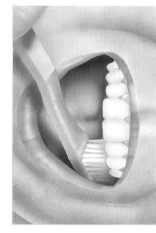

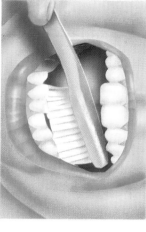

El **cepillo** de dientes deberá ser de cerdas redondeadas y suaves. Las duras deterioran el esmalte dental y dañan las encías. Posiblemente también se necesite un cepillo más pequeño para limpiar aquellas zonas de la boca donde no llega el grande.

Los **dentífricos con flúor** endurecen el esmalte. Por lo tanto, el cepillarse los dientes regularmente con esta pasta previene la caries.

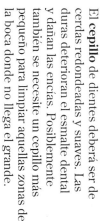

La **seda dental** es útil para eliminar las partículas de alimento que quedan entre los dientes. Enrolla la mayor parte del hilo sobre el dedo corazón de cada mano, de tal manera que puedas deslizar un trozo de unos 10 cm hacia delante, en dirección a las encías.

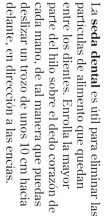

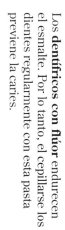

¿Qué provoca la caries?

La caries dental es una de las enfermedades más comunes. Alrededor de los dientes y de las encías se van acumulando pequeños depósitos de azúcar. Las **bacterias** de la boca se instalan en ellos, produciendo ácidos, los cuales, a su vez, desgastan el esmalte dental y provocan la caries.

La principal causa de la caries es la **placa dental**, un recubrimiento pegajoso que se forma entre y sobre los dientes, y que consiste en pequeñas partículas de alimentos, mucosidades y bacterias (1). El **azúcar** contenido en estas placas se convierte en ácido, que altera la superficie del esmalte y forma pequeñas cavidades (2). Estas se van agrandando por la acción de las bacterias, hasta que la dentina queda al descubierto (3). Finalmente, las bacterias llegan al centro del diente, la pulpa (4); entonces, el dentista ha de limpiar y rellenar esa perforación para evitar la muerte definitiva de la pieza. Para tener y conservar una dentadura sana, la alimentación debe incluir **seis nutrientes** esenciales: calcio, fósforo, magnesio, vitaminas C y D, y flúor. Si nos alimentamos a base de una dieta sana y equilibrada, el organismo recibe una cantidad suficiente de los cinco primeros elementos citados.

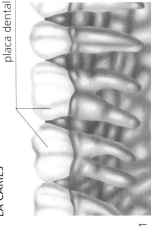

esmalte

cavidad

dentina

pulpa

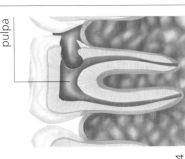

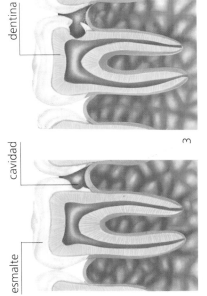

placa dental

PROCESO DE
LA CARIES

1

2

3

4

Dolor de muelas

Si pese a llevar una dieta correcta, cepillarse los dientes después de las comidas, usar dentífrico con flúor y visitar regularmente al dentista, sientes un terrible dolor de muelas, lo mejor es acudir urgentemente al médico o dentista que nos pueda atender. Mientras, puedes atenerte a los siguientes consejos:

• *Toma un calmante:* sin embargo, no lo mantengas contra el diente afectado, puesto que ello podría causar una úlcera.

• *No te acuestes:* en posición horizontal aumenta la presión sanguínea en la cabeza y, por lo tanto, el dolor.

• *Realiza lavados bucales calientes de agua y sales:* pueden aliviar algo el dolor cuando es problema de encías, pero no cuando se trata de muelas sensibles a la temperatura.

Las bacterias pueden duplicar su número cada 20 minutos. Esto significa que una sola bacteria puede crear una colonia de 512 bacterias en sólo tres horas.

Trastornos intestinales

La actividad del intestino puede ser muy variable. Se pueden tener dos evacuaciones diarias o solamente una por semana. Habitualmente, los cambios se deben a trastornos gástricos, pero también pueden encontrar su origen en una colitis (diarrea), colon irritable o cáncer intestinal. En caso de alteraciones persistentes en la actividad intestinal es mejor consultar al médico.

La composición de las deposiciones revela determinados trastornos. Se ha de consultar al médico en caso de que las heces muestren un color claro, estén demasiado abultadas, tengan un color negro o se observen restos de sangre. Más de un 90 % de los casos de cáncer de colon o recto se inician en las personas de más de 50 años, en forma de pólipos en la membrana del intestino. Por este motivo, a las personas mayores de 50 años se les recomienda realizar un examen anual. Una alimentación rica en **fibra** reduce la incidencia de cáncer de colon y de recto. Una dieta pobre en fibra tiene como consecuencia la formación de heces secas y duras que, por carecer de líquido, tardan más en atravesar el intestino, por lo que los carcinógenos potenciales permanecen más tiempo en contacto con las paredes intestinales.

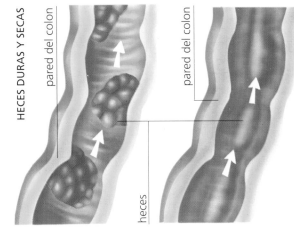

HECES DURAS Y SECAS

pared del colon

heces

pared del colon

HECES BLANDAS Y FLUIDAS

Consejos para evitar intoxicaciones alimentarias

La intoxicación se produce cuando se ingiere algún alimento en mal estado o contaminado con bacterias, moho, virus, productos químicos u otras sustancias tóxicas. Los síntomas más habituales son náuseas, vómitos, diarreas y dolores abdominales. Los alimentos que presentan mayor riesgo son el pollo, los huevos, el pescado, el marisco y la carne poco hecha. Hay que tener en cuenta que la comida contaminada puede presentar un buen sabor, olor y aspecto.

Para evitar estos trastornos es preferible seguir unos elementales consejos de **higiene en la cocina**, si es que los alimentos no están contaminados antes de su adquisición:

• Guarda la carne cruda separada del resto de los alimentos.

• Lava todas las frutas y verduras.

• No consumas alimentos cuyo embalaje se vea deteriorado.

• Mantén la temperatura de la nevera a menos de 5 °C, y la del congelador, inferior a -18 °C.

• No vuelvas a congelar alimentos previamente descongelados.

• Coloca el pescado, la carne y los huevos en la parte más fría de la nevera.

• Lávate las manos antes de preparar cualquier plato.

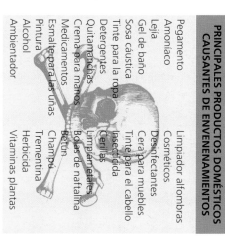

PRINCIPALES PRODUCTOS DOMÉSTICOS CAUSANTES DE ENVENENAMIENTOS

Pegamento	Limpiador alfombras
Amoniaco	Cosméticos
Lejía	Desinfectantes
Gel de baño	Cera para muebles
Sosa cáustica	Tinte para el cabello
Tinte para la ropa	Insecticida
Detergentes	Cerillas
Quitamanchas	Limpiametales
Crema para manos	Bolas de naftalina
Medicamentos	Betún
Esmalte para las uñas	Champú
Pintura	Trementina
Alcohol	Herbicida
Ambientador	Vitaminas plantas

Venenos y corrosivos

El envenenamiento es siempre motivo de emergencia, independientemente del estado en que se encuentre la víctima, ya que siempre se pueden presentar complicaciones. Lo más importante es saber el tipo de veneno que se ha ingerido.

Si se ha tomado alguna sustancia **no corrosiva**, es aconsejable administrar agua o leche para provocar el vómito, pero si el veneno es **corrosivo**, como suele suceder con los productos de limpieza doméstica, lo mejor es lavar la boca a la víctima y no darle agua si está inconsciente, ya que podría ahogarse.

Después de aplicar estas medidas de emergencia, hay que trasladar a la víctima a un centro médico lo más rápidamente posible, llevando cualquier envase que se haya encontrado cerca de ella.

Para evitar posibles envenenamientos, lo mejor es la prevención: guardar los productos de limpieza doméstica bien cerrados y en lugar seguro, y no ingerir setas o frutos de ciertas plantas si no se está completamente seguro de su inocuidad.

Alcohol, cirrosis, hepatitis

El exceso de alcohol es la causa más común de trastornos hepáticos en los países desarrollados. La enfermedad hepática alcohólica progresa a través de estadios de creciente gravedad:

• 1. La mucosa gástrica absorbe el alcohol y la sangre lo transporta al hígado.

• 2. Tras un consumo prolongado de alcohol, este se convierte en acetaldehído, que altera el metabolismo de las grasas y produce una acumulación de lípidos en las células hepáticas.

• 3. Las lesiones celulares originan la inflamación del hígado (**hepatitis alcohólica aguda**).

• 4. La lesión crónica de las células produce la cicatrización del hígado (**fibrosis hepática**), con lo que se rompe la estructura normal de este órgano y se inhibe su función. Una cicatrización grave y extensa deriva en una **cirrosis**.

Para una recuperación completa del hígado es indispensable la abstinencia total y definitiva del alcohol. Este tipo de pacientes necesitan un intensivo cuidado hospitalario durante varios meses. Sin embargo, la cirrosis hepática es ya irreversible, de tal manera que sólo la mitad de las personas que llegan a este estadio de la enfermedad consiguen sobrevivir cinco años después del diagnóstico. Algunas personas desarrollan cirrosis no por el excesivo consumo de alcohol, sino por una infección vírica o trastorno del sistema inmunológico. Este tipo de trastornos metabólicos es hereditario.

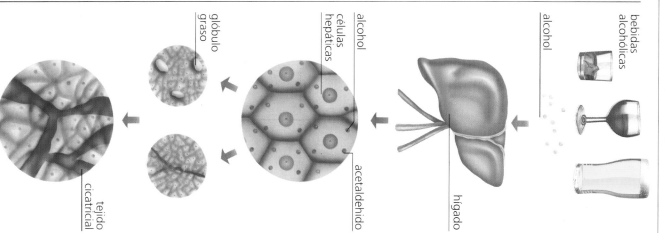

bebidas alcohólicas · alcohol · alcohol · células hepáticas · acetaldehído · glóbulo graso · hígado · tejido cicatricial

Trastornos más frecuentes del estómago

• Al comer, algunas personas tienen tendencia a tragar más aire de lo normal. Este se acumula en la parte superior del estómago y produce una molesta sensación de pesadez. Según cual sea el conducto de salida de este exceso de aire se origina la **flatulencia** o el **eructo**. Si se te forman con frecuencia gases en el estómago, debes evitar las bebidas gaseosas y comer demasiado deprisa y sin masticar.

• El **vómito** puede estimularlo múltiples causas, entre ellas, el exceso de comida cuando en el estómago, que provoca determinados impulsos nerviosos hacia el cerebro, donde reside el «centro del vómito». Si los vómitos son frecuentes, pueden ser el síntoma de una gastritis o una úlcera.

• El ácido clorhídrico es un componente esencial de los jugos gástricos, pero cuando la cantidad es elevada o pasa al esófago, se produce una sensación de ardor (**acidez**) en el estómago. Los casos leves se pueden evitar prescindiendo del alcohol, el tabaco, el café y las comidas picantes o muy grasas, pero si se inflama la mucosa que recubre las paredes del estómago (**gastritis**), entonces se trata de una enfermedad que puede ser grave.

• Cuando la mucosa del estómago ha sido debilitada por el abuso de bebidas alcohólicas o por la tensión nerviosa, el ácido clorhídrico puede producir en ella una lesión o **úlcera** que origine hemorragias o incluso una perforación. La úlcera será **gástrica** cuando afecte a la mucosa del estómago, y **duodenal**, cuando lesione las paredes del duodeno, el primer tramo del intestino delgado.

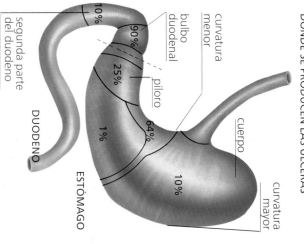

DÓNDE SE PRODUCEN LAS ÚLCERAS

curvatura menor · curvatura mayor · cuerpo · píloro · bulbo duodenal · segunda parte del duodeno · ESTÓMAGO · DUODENO

10% · 90% · 25% · 1% · 64% · 10%

El aparato respiratorio

U na vez hemos tomado los alimentos y, por medio de todo el proceso digestivo, los hemos transformado y transportado, a través de la sangre, a todos los rincones de nuestro organismo, con lo que éste se ha dotado así de materia prima, de "combustible", el cuerpo humano necesita la energía suficiente para poner en movimiento toda su compleja máquina.

Es a través de la captación del oxígeno que se encuentra en el aire que el cuerpo puede ponerse en marcha y generar todo el caudal de fuerza necesaria para que su motor no se pare en ningún momento. Todo esto se realiza a través de la respiración.

Todo lo que afecte a la cantidad de oxígeno que necesitamos, a la calidad del aire que inspiramos y al ritmo de nuestra respiración será preciso tratarlo con sumo cuidado, puesto que de ello depende muy directamente el perfecto funcionamiento de nuestro motor.

Inspirar y espirar, un buen secreto de la higiene

Si inspiras por la nariz y espiras por la boca, estás utilizando correctamente los conductos de la respiración. De esta forma contribuyes a mantener el buen funcionamiento de los pulmones y de tu cuerpo en general. Para una buena higiene de las vías respiratorias, se deben realizar inspiraciones profundas por la nariz porque así se humedece, calienta y purifica el aire. Por la boca se espira el dióxido de carbono.

Puedes contribuir al buen estado de tus vías respiratorias con la práctica frecuente de ejercicios físicos, preferentemente al aire libre.

Al practicar deporte, los pulmones necesitan más entrada de aire e intervienen otros músculos inspiratorios además del diafragma. **Los ejercicios respiratorios** favorecen el fortalecimiento de los músculos principales que intervienen en la respiración al desarrollar la **ventilación pulmonar**, con lo que también se facilita la entrada de aire a los pulmones en una inspiración normal.

Tratar de evitar los lugares cerrados o mal ventilados es también una forma de contribuir a la buena higiene de las vías respiratorias.

Agua contra el hipo

Tenemos hipo cuando el diafragma se contrae bruscamente y se cierra la apertura de las cuerdas vocales (**glotis**). Estas contracciones las pueden producir los llamados «ataques de risa», la ingestión de alimentos muy fríos o muy calientes, y una inspiración excesiva de aire, entre otras causas. Cuando se cierra la glotis, esta produce un sonido al ser golpeada por el aire que espiramos. El hipo suele limitarse a contracciones aisladas, que se repiten a intervalos cada vez mayores de tiempo hasta que desaparecen. Podemos mitigar las contracciones bebiendo agua a pequeños sorbos, conteniendo la respiración unos instantes o realizando varias inspiraciones profundas. En algunos casos, si el hipo es muy prolongado, se puede llegar a dañar el diafragma, el principal músculo de la respiración.

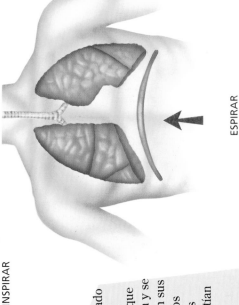

pulmones

diafragma

INSPIRAR

ESPIRAR

Un estudio realizado entre familias escandinavas demostró que si los padres no fumaban y se oponían a que lo hicieran sus hijos, sólo el 10 % de estos adquirían el hábito; si los padres fumaban y permitían fumar, el porcentaje se elevaba al 70 %.

El tabaco, un peligro para nuestra salud

Fumar es uno de los principales peligros para la salud porque puede provocar una extensa lista de trastornos. Diversos estudios parecen demostrar una relación directa entre el tabaquismo y diferentes tipos de **cáncer**, como el de pulmón, boca, garganta, esófago, laringe o vejiga. Además, la adicción al tabaco es causa habitual de bronquitis crónica y problemas circulatorios.

Las **mujeres embarazadas** que fuman perjudican al feto, ya que la nicotina reduce la cantidad de oxígeno y nutrientes. Además, aumentan las posibilidades de sufrir un aborto o un parto prematuro.

El hábito a este vicio está igualmente relacionado con las **enfermedades coronarias**, como los ataques al corazón o las anginas de pecho. Un fumador tiene el doble de probabilidades de sufrir una enfermedad del corazón que una persona no fumadora, y hasta cuatro o cinco veces más riesgo si tiene entre 35 y 44 años. El fumador debería pensar que las consecuencias de su hábito las sufre también el llamado **fumador pasivo**, puesto que debe tragar contra su voluntad el humo que expulsan los demás.

Las mejores respuestas frente al tabaco son el ejercicio físico, preferentemente al aire libre, y una alimentación sana.

PROBLEMAS MOTIVADOS
POR EL TABAQUISMO

manchas rojas o blancas
en la boca

falta de aliento
y jadeo

indigestión

sangre en
la orina

tos

dolores en
el tórax

problemas
circulatorios

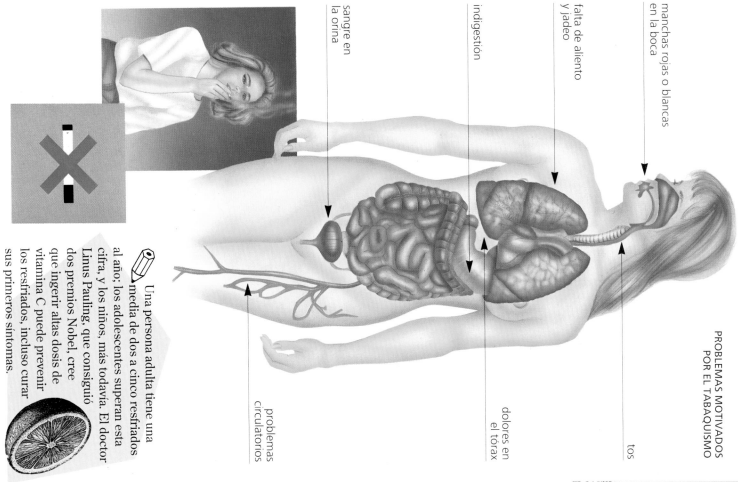

Una persona adulta tiene una media de dos a cinco resfriados al año; los adolescentes superan esta cifra, y los niños, más todavía. El doctor Linus Pauling, que consiguió dos premios Nobel, cree que ingerir altas dosis de vitamina C puede prevenir los resfriados, incluso curar sus primeros síntomas.

La tos, una defensa

Al igual que el estornudo, la tos suele ser un acto involuntario que sirve para limpiar de impurezas las vías respiratorias. Mediante la tos, se expulsan los cuerpos extraños alojados en estas vías. El proceso comienza con una inspiración profunda de oxígeno que llega a los pulmones. Finalmente, la epiglotis, situada al comienzo de la laringe, se cierra y evita que el aire o dióxido de carbono pueda salir. El diafragma y los músculos del tórax se contraen y someten a una gran presión el aire de los pulmones; se abre de golpe y expulsa el aire a una velocidad de 120-160 km/h, arrastrando cualquier partícula que se halle en el interior de los bronquios o de la tráquea.

La tos no es una enfermedad, aunque sí puede ser síntoma de un trastorno del aparato respiratorio, como la bronquitis. Si la tos va acompañada de sangre, se tiene que consultar rápidamente al médico.

¿Sabías que...
...el delfín respira de forma consciente?

El delfín es capaz de descender bruscamente a más de 400 m de profundidad y soportar, por breves instantes, una enorme presión. El delfín es un mamífero que respira por los pulmones, llega a intercambiar entre 5 y 10 litros de aire por minuto, y puede permanecer hasta 7 minutos sin respirar.

Es un animal con una gran capacidad craneal, lo que parece estar relacionado con su respiración. En efecto, el delfín tiene la peculiaridad de respirar «conscientemente», a diferencia de otros mamíferos. Inhala y exhala el aire mediante una hendidura situada sobre el cráneo. Esta hendidura está provista de unas válvulas que se cierran herméticamente cuando el delfín comienza la inmersión.

La respiración es una de sus funciones más importantes: una relajación excesiva durante el sueño o una inmersión demasiado prolongada pueden producir su asfixia. El delfín respira de forma «consciente» hasta el punto de que descansa sólo un hemisferio cerebral, mientras el otro permanece en vigilia para controlar el proceso respiratorio.

Contaminación ambiental y mecanismos de defensa

Un entorno no contaminado en el que podamos respirar aire puro es más favorable a nuestra salud. En las grandes ciudades es difícil escapar a la contaminación ambiental, aunque nuestro organismo tiene mecanismos de defensa contra la polución.

Una de las causas de la contaminación ambiental es la provocada, principalmente, por los tubos de escape de los automóviles y por la actividad de la industria. El principal agente contaminante que respiramos es el **monóxido de carbono.**

El aparato respiratorio tiene mecanismos de defensa, como los pelillos o cilios y las secreciones de la mucosidad de las vías respiratorias. Además, también actúan los macrófagos, células que expulsan las partículas contaminantes de los alvéolos pulmonares. A pesar de estos mecanismos de defensa, las partículas tóxicas pueden llegar a las células a través de los glóbulos rojos de la sangre.

Una de estas partículas tóxicas es el monóxido de carbono, que se asocia más fácilmente con la hemoglobina de la sangre que el oxígeno. Es decir, la hemoglobina deja el oxígeno y recoge el monóxido de carbono cuando ambos componentes se encuentran en los alvéolos pulmonares.

Las células reaccionan con sistemas defensivos para evitar la entrada de las toxinas, pero se puede producir alguna enfermedad grave si alguna toxina impide que las células fabriquen estos sistemas defensivos.

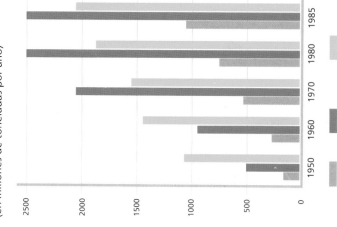

APORTACIONES ANUALES DE DIÓXIDO DE CARBONO A LA ATMÓSFERA (en millones de toneladas por año)

2500
2000
1500
1000
500
0

1950 1960 1970 1980 1985

Desarrollo del cáncer de pulmón

El tabaquismo provoca una de las enfermedades más graves del sistema respiratorio, el cáncer de pulmón.

No sólo una persona muy fumadora tiene mayor riesgo de contraer esta enfermedad: basta fumar cinco cigarrillos diarios para que las probabilidades se multipliquen por ocho.

La adicción al tabaco produce cambios en la estructura y la función de los tres tipos de células que forman el tejido de los bronquios: **basales, crateriformes** (productoras de las mucosidades) y **columnares.** Con el hábito de fumar, las células columnares pierden el fino vello (cilios) que las cubre, se aplanan progresivamente y se transforman en un tipo de célula escamosa similar a las de la piel.

Las nuevas células basales pueden verse afectadas por los productos químicos del mismo humo y, algunas de ellas, volverse cancerosas. Al multiplicarse, reemplazan a las células sanas de la capa basal, atraviesan la membrana inferior y se introducen en los tejidos de los pulmones.

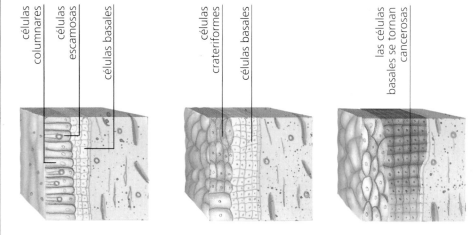

células columnares

células escamosas

células basales

células crateriformes

células basales

las células basales se tornan cancerosas

las células cancerosas se multiplican rápidamente y atraviesan la membrana de las células

El tabaco está relacionado con el 85 % de los casos de cáncer de pulmón. Sólo se puede operar una de cada cinco personas que padecen esta enfermedad, y menos de uno de cada veinte enfermos logra curarse.

Dejar de fumar es invertir en salud

El fumador que deja este perjudicial hábito, está invirtiendo en salud.

Una vez que se ha dejado de fumar, se reduce el riesgo de sufrir alguna de la larga lista de enfermedades relacionadas con el tabaquismo.

Disminuyen las posibilidades de morir por contraer una de estas enfermedades a medida que aumenta el tiempo en que se dejó el tabaco.

Mientras más se tarde en dejar de fumar, más costará abandonar el hábito. La mejor forma de no fumar más cigarrillos es **dejarlo inmediatamente,** hoy mejor que mañana. Si se quieren tener más garantías de lograrlo, es aconsejable abandonarlo **por completo,** en lugar de gradualmente.

Hacer algún ejercicio físico e incluso de relajación para controlar la ansiedad que provoca el abandono del tabaco es siempre aconsejable.

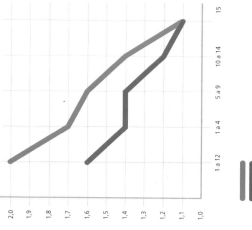

REDUCCIÓN DEL RIESGO DE MUERTE ENTRE PERSONAS QUE HAN DEJADO DE FUMAR

2,0
1,9
1,8
1,7
1,6
1,5
1,4
1,3
1,2
1,1
1,0

1 a 12   1 a 4   5 a 9   10 a 14   15

Enfermedades más comunes de las vías respiratorias

Las principales enfermedades de las vías respiratorias son la amigdalitis, el resfriado, el asma, la faringitis y la bronquitis.

• La **amigdalitis** o **anginas** se produce cuando hay una inflamación de las amígdalas, que son dos glándulas situadas a ambos lados de la garganta y cuya misión es, precisamente, combatir las infecciones. La inflamación de las anginas es causada por un microorganismo que se combate, la mayoría de las veces, con antibióticos. Las amígdalas se tienen que extirpar, generalmente, cuando se inflaman con frecuencia, ya que los microorganismos pueden pasar a otros órganos y llegar a producir otros focos de infección.

• El **resfriado** es una de las infecciones más comunes de las vías respiratorias. Centenares de virus pueden causarlo, aunque el más común es el llamado rinovirus. Prácticamente, ningún medicamento es útil para combatir el resfriado. El tratamiento más aconsejable para el resfriado común es permanecer en cama, tomar bebidas calientes y administrar aspirinas o paracetamol para aliviar el malestar general. Además, hay que procurar no taponar los orificios nasales al sonarse. El resfriado común se suele curar en un período de siete a diez días.

• El **asma**, que puede llegar a ser una enfermedad grave de las vías respiratorias, va en aumento sobre todo en los países industrializados a causa de la contaminación ambiental. Además del aire contaminado, el asma se puede originar por alergias al polvo, a la alimentación o a cualquier otro tipo de sustancia. El asma intrínseca es aquella de la cual se desconoce su causa. Al sufrir un ataque de asma se tienen dificultades para respirar porque se contraen los bronquios al irritarse la mucosa que los recubre. Se puede prevenir tomando el medicamento adecuado antes del ataque.

• La **faringitis** es otra enfermedad de las vías respiratorias provocada por un virus que infecta la faringe. Además, la faringitis puede ser causada por una irritación de las mucosas que recubren las paredes de la faringe. Independientemente de su causa, la faringitis puede ser pasajera o crónica.

• Como su nombre indica, la **bronquitis** es una inflamación de los bronquios que provoca, a su vez, el aumento de la mucosidad. Al igual que la faringitis, la bronquitis puede ser pasajera o crónica. En este último caso, se trata de una enfermedad grave.

El polvo y el polen, alergias ambientales

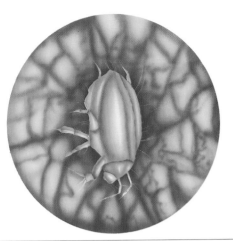

ÁCARO VISTO AL MICROSCOPIO

Algunas sustancias presentes en el medio ambiente, como determinados tipos de polvo doméstico o el polen, pueden provocar en algunas personas reacciones alérgicas: la fiebre de heno, eccemas (enfermedad de la piel) o algunas clases de asma. Si eres alérgico al polen debes evitar, en la medida de lo posible, salir de casa cuando hay un alto nivel de polen en el ambiente. Ayudan a combatir el polen los filtros de aire en el interior de las viviendas y mantener cerradas las puertas y ventanas de la casa.

Si eres sensible al polvo doméstico, tienes que limpiar con frecuencia el polvo de la casa y utilizar el aspirador y un atomizador para eliminar los ácaros (arácnidos microscópicos) de las camas y de los muebles tapizados.

El mal de altura y la falta de oxígeno

Las zonas de alta montaña, con altitudes superiores a los 3 000 m, pueden provocar en las personas no acostumbradas el llamado **mal de altura**. Está provocado porque el aire contiene mucho menos oxígeno que en altitudes inferiores. Los síntomas del mal de altura son vértigo, cansancio, vómitos, etc.

Existen etnias, como los quechuas o los aymarás, que viven en los Andes y no sufren mal de altura porque su organismo se ha acostumbrado a la escasez de oxígeno en el aire y lo compensa con el aumento de los **glóbulos rojos** de la sangre. Practicar el submarinismo puede ser también peligroso si se realiza una inmersión o un ascenso muy brusco porque se pueden dilatar e incluso romper los vasos sanguíneos a causa del cambio de presión. A un submarinista que ha sufrido una **descompresión** por subir rápidamente a la superficie se le practica una **recompresión**. Es decir, se comprimen los gases dilatados a través de una cámara de recompresión, o se vuelve a descender unos metros en el agua.

Tuberculosis y pulmonía, dos enemigos del pulmón

Además del cáncer de pulmón, otras enfermedades graves del pulmón son la tuberculosis y la pulmonía. La **tuberculosis** es una infección provocada por una bacteria, el **bacilo de Koch**, que se suele ingerir con los alimentos. Los síntomas de la tuberculosis pulmonar son pérdida de peso, cansancio, fiebre y esputos sanguinolentos. La tuberculosis es una enfermedad que actualmente se cura con antibióticos en los países desarrollados. Se puede prevenir con una vacuna y evitando beber leche sin pasteurizar.

La **pulmonía** es una infección provocada por un bacilo que, a su vez, causa la inflamación del pulmón o de una de sus partes. El frío, la humedad, las corrientes de aire o las complicaciones en una bronquitis o una gripe pueden desembocar en una pulmonía.

✏️ El polvo de las casas contiene miles de minúsculos ácaros, que se encuentran en todos los rincones y viven de las escamas de la piel humana. No se ven a simple vista, ya que miden un tercio de milímetro. Son inofensivos, a menos que sea alérgico a ellos.

✏️ Los *rinovirus*, el grupo más extenso de virus responsables del resfriado, comprenden más de 200 tipos diferentes. Otro grupo principal son los *coronavirus*, menos numerosos pero más difíciles de aislar en laboratorio.

Dos métodos de respiración artificial

Si la víctima no vuelve a respirar espontáneamente, es necesario aplicar la respiración artificial. Primero se debe colocar a la persona en una superficie firme y extraer cualquier objeto extraño que pueda obstruir sus vías respiratorias (1). Si la víctima sufre graves lesiones faciales o bucales, y no es posible aplicar la respiración «boca a boca», es aconsejable utilizar el método Holger-Nielsen o el método Sylvester.

- El método **Holger-Nielsen** es muy útil en caso de ahogo porque permite una salida libre de los fluidos de la boca. Se coloca a la víctima boca abajo, con la cabeza apoyada sobre sus manos y girada hacia un lado (2). Debes arrodillarte frente a la cabeza del herido y colocar tus manos planas, con los pulgares juntos, sobre su espalda, debajo de los omóplatos. Con tus brazos extendidos, debes inclinarte hacia delante (3). A continuación, échate hacia atrás levantando con suavidad los codos de la víctima (4). Esta maniobra se debe repetir 12 veces por minuto, con movimientos suaves.

MÉTODO DE RESPIRACIÓN ARTIFICIAL "HOLGER-NIELSEN"

- Para aplicar el método **Sylvester,** la víctima debe estar boca arriba, y tú, arrodillado junto a su cabeza (1). Cruza sus muñecas sobre la parte inferior de la caja torácica (2). Balancéate hacia adelante hasta que tus brazos estén en posición vertical, pero sin presionar en exceso (3). Sin dejar de sujetar las muñecas, debes echarte hacia atrás, describiendo un arco amplio (4).

Al igual que el anterior método, se debe repetir unas 12 veces por minuto.

MÉTODO DE RESPIRACIÓN ARTIFICIAL "SYLVESTER"

El pulso máximo de una persona disminuye con la edad: desde unos 200 latidos por minuto a los 20 años hasta 160 a los 60 años de edad. En circunstancias normales, el ejercicio no debería incrementar el pulso en más de un 75 % de estos niveles máximos.

Ante la asfixia, maniobra de Heimlich

La asfixia se produce cuando se deja de inhalar, por muy diversos factores, el oxígeno que necesitamos para respirar, lo que puede causar un **paro respiratorio.** Podemos dejar de respirar por múltiples causas: por la obstrucción de las vías respiratorias (cuerpos extraños, restos de comida, etc.) o por un accidente que provoque el aplastamiento del pecho. Es vital prestar ayuda rápidamente, ya que la falta de oxígeno en el cerebro durante más de cinco minutos representa, en la mayoría de los casos, la muerte de la víctima.

Si la asfixia se produce cuando todavía queda oxígeno en los pulmones se puede aplicar la llamada **maniobra de Heimlich.** Para realizar esta técnica tienes que colocarte de pie, detrás de la víctima, abrazándola. Debes poner un puño con el lado del pulgar hacia el cuerpo, justo encima del ombligo y debajo de la caja torácica de la víctima. Con la mano libre, coge el puño y realiza una fuerte presión hacia dentro y hacia arriba, repetidas veces.

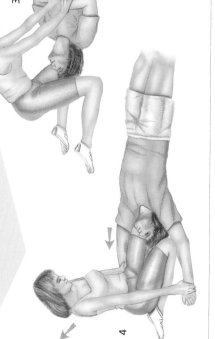

28

Cuando no late el corazón, reanimación cardiopulmonar

Aparte de la respiración artificial, se aplica la reanimación cardiopulmonar cuando a una persona no le late el corazón y, además, no respira. El corazón y, además, no respira. El herido debe estar boca arriba y tú has de colocar la palma de una mano dos centímetros por encima del punto en que sus costillas se unen al esternón. La mano libre la colocas sobre la otra y extiende los brazos con los codos firmes. Empuja hacia abajo unos 5 cm y deja de presionar, sin levantar las manos (1). Debes repetir esta operación 80 veces por minuto, interrumpiendo cada 15 presiones para practicar dos veces la respiración «boca a boca» (2). Comprueba el pulso de la persona después de realizar el «boca a boca», pero interrumpe la reanimación sólo unos instantes (3).

REANIMACIÓN CARDIOPULMONAR

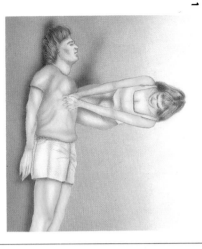

1

2

3

El beso de la vida

El «beso de la vida», método de respiración artifical más conocido como «boca a boca», es el más eficaz y el que se debe utilizar siempre que sea posible cuando la víctima no tiene lesiones faciales o bucales.

Una vez le has extraído cualquier objeto extraño que pueda obstruir sus vías respiratorias, coloca con suavidad su cabeza hacia atrás (1). Pon una mano sobre su cuello para levantarlo, eleva su barbilla y presiona sobre la frente con la palma de la otra mano. Con esta mano cierra sus fosas nasales, aspira aire profundamente y suéltalo en la boca de la víctima (2). Este aire debe llegar a sus pulmones. Repite la operación a un ritmo de 12 respiraciones por minuto, hasta que la persona respire por sí misma (3). A los bebés y a los niños se les puede soplar aire suavemente por la boca o por la nariz.

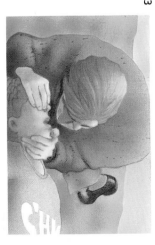

1

2

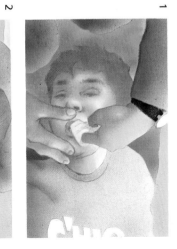

3

Posición de recuperación

Si la víctima ha recuperado la respiración y no muestra lesiones en la columna vertebral, se la debe colocar en la **posición de recuperación** (reposando sobre un costado, con la cabeza mirando hacia delante y hacia abajo) para evitar la asfixia y la posible aspiración de vómitos. Arrodíllate a su lado y colócale la cara mirando hacia ti.

Estira su brazo más próximo por encima de su cabeza y flexiona su pierna más alejada (1). Una vez en esta posición, tira con cuidado de la persona hacia ti y flexiona su pierna y su brazo superiores (2). Finalmente, coloca su cabeza hacia atrás de forma que quede recostada sobre uno de sus costados y su barbilla apunte hacia delante (3).

1

2

3

29

Consejos ante el shock eléctrico

Si la víctima ha sufrido un **shock eléctrico**, antes de aplicarle cualquier método de respiración artificial, debes intentar alejarla de la fuente de corriente, pero nunca tocándola directamente. Si es posible, desconecta la corriente o utiliza un material no conductor (un objeto de madera o incluso una prenda de ropa doblada) para empujar al accidentado y apartarlo. Si la persona está en contacto con cables de alta tensión o cualquier otra fuente de electricidad de alto voltaje, no debes tocarlo: aléjate unos 15 m hasta que se desconecte la corriente.

PARA ATENDER A UNA VÍCTIMA DE SHOCK ELÉCTRICO, DESCONECTAR SIEMPRE ANTES LA CORRIENTE

Plantas que curan

E l **tusilago** (*Tussilago farfara*) es una planta que crece en zonas húmedas, frías y soleadas de Europa, Asia y el norte de África. Esta planta permanece escondida de un año para otro y florece al principio de la primavera. Una infusión de flores y hojas de tusilago es una buena ayuda para combatir una larga lista de enfermedades respiratorias. De hecho, sus propiedades curativas ya eran conocidas en la antigüedad. No es casualidad el origen latino del nombre: *tussis* (tos) y *agere* (actuar). Una infusión que contenga sólo un 5 % de esta planta ya es suficiente para calmar la tos y facilitar la expulsión de esputos. El tusilago no actúa únicamente contra la tos: puede ser un buen remedio para aliviar los catarros de las vías respiratorias, la gripe común, la bronquitis crónica y la laringitis, entre otras infecciones respiratorias. Además, con la raíz del tusilago se pueden elaborar cataplasmas para aplicar sobre úlceras de la piel. Es también un buen remedio contra las erupciones cutáneas y la sudoración excesiva de los pies, entre otras utilidades. Incluso las hojas de tusilago son ricas en vitamina C y se consumen en ensaladas.

TUSILAGO
(*Tussilago farfara*)

Caminar, un saludable ejercicio

Uno de los ejercicios aeróbicos más sencillos de practicar en la vida cotidiana, es **caminar**. Si practicas con regularidad este saludable ejercicio, mejorará tu ritmo cardiaco, tu resistencia y tu estado de salud en general. Es ideal practicar una caminata, por ejemplo, por el campo; pero también resulta beneficioso caminar por la ciudad. Al igual que los demás ejercicios aeróbicos, se debe comenzar a caminar a paso lento y aumentar, progresivamente, la velocidad y la distancia. Para que se considere un ejercicio físico, se debe recorrer una distancia de 3 km, tres veces por semana.

Ejercicios aeróbicos para estar en forma

Correr, nadar, ir en bicicleta o remar son algunas de las actividades físicas que puedes practicar para mantener en correcto funcionamiento el corazón, los pulmones, los músculos y tu cuerpo en general. Estos y otros deportes constituyen **ejercicios aeróbicos**, cuya práctica requiere el consumo de oxígeno. Son ejercicios aeróbicos aquellos que se pueden realizar, ininterrumpidamente, durante un tiempo mínimo de 12 minutos. Este tipo de ejercicios, tanto los practicados al aire libre como en recintos cerrados, benefician tu salud porque los pulmones y el corazón deben aumentar su actividad para que los músculos reciban, a través de la sangre, el oxígeno que necesitan para trabajar. Es aconsejable realizar una actividad física durante 20 o 30 minutos, tres días a la semana. Se ha de comenzar poco a poco e incrementar, gradualmente, la actividad. Si practicas un deporte con regularidad, sin necesidad de batir un récord, estarás en forma, es decir, podrás realizar cualquier actividad física de la vida cotidiana sin agotarte.

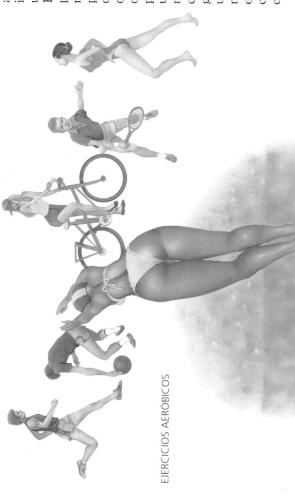

EJERCICIOS AERÓBICOS

Cómo realizar ejercicios de respiración

Los ejercicios de respiración contribuyen al buen estado de las vías respiratorias. Además, alivian el estrés, la ansiedad mental o el agotamiento físico. A continuación, te explicamos algunos ejercicios. No fuerces nunca la respiración y no continúes si te empiezas a sentir aturdido.

EJERCICIO DE CONTROL DE LA RESPIRACIÓN

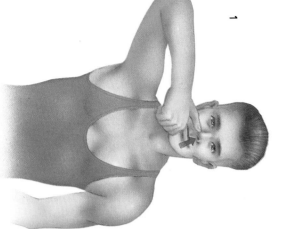

1

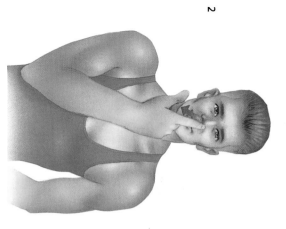

2

• *Ejercicio de control de la respiración:* te permite respirar de forma más profunda y regular. Con el pulgar derecho, aprieta la ventana derecha de la nariz y respira por la ventana izquierda, contando hasta ocho. A continuación, cierra con el dedo índice la ventana izquierda y no respires mientras cuentas hasta ocho (1). Quita el pulgar que tenías en la ventana derecha y suelta el aire, contando hasta ocho y manteniendo el índice en la ventana izquierda (2). Haz el ejercicio a la inversa, comenzando a respirar por la ventana derecha. Repite la totalidad del ejercicio cinco veces.

RESPIRACIÓN DINÁMICA

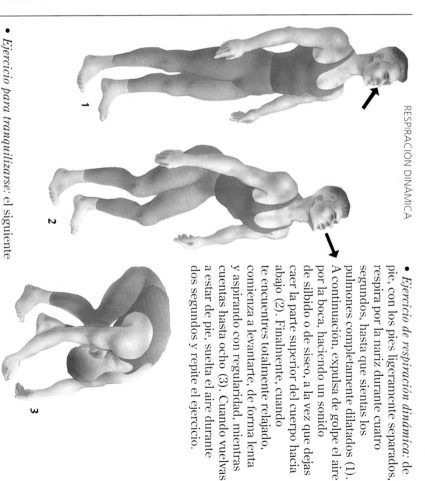

1

2

3

• *Ejercicio de respiración dinámica:* de pie, con los pies ligeramente separados, respira por la nariz durante cuatro segundos, hasta que sientas los pulmones completamente dilatados (1). A continuación, expulsa de golpe el aire por la boca, haciendo un sonido de silbido o de siseo, a la vez que dejas caer la parte superior del cuerpo hacia abajo (2). Finalmente, cuando te encuentres totalmente relajado, comienza a levantarte, de forma lenta y aspirando con regularidad, mientras cuentas hasta ocho (3). Cuando vuelvas a estar de pie, suelta el aire durante dos segundos y repite el ejercicio.

• *Ejercicio para tranquilizarse:* el siguiente ejercicio está inspirado en el yoga y puede ayudar a tranquilizarte. Primero, aspira por la nariz, mientras cuentas lentamente hasta cuatro. A medida que mejore tu capacidad pulmonar, aumenta hasta seis u ocho. Aguanta la respiración durante el mismo tiempo, mientras cuentas hasta cuatro, seis u ocho (1). A continuación, comienza a espirar y cuenta, igualmente, hasta cuatro, seis u ocho. Expulsa todo el aire y vuelve a comenzar el ejercicio (2).

EJERCICIO RESPIRATORIO PARA TRANQUILIZARSE

1

2

Finalmente, estírate y pon un libro bajo el cuello y la cabeza, y una almohada bajo las rodillas. Esta posición te ayudará a relajar la tensión de la parte inferior de la espalda, el cuello, los hombros y los órganos internos, además de lograr una respiración más relajada.

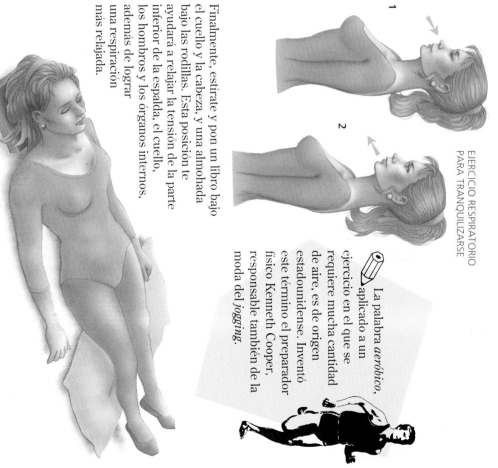

La palabra *aeróbico*, aplicado a un ejercicio en el que se requiere mucha cantidad de aire, es de origen estadounidense. Inventó este término el preparador físico Kenneth Cooper, responsable también de la moda del *jogging*.

El sistema circulatorio

El cuerpo humano, para mantenerse vivo y dinámico, precisa generar calor y energía, elementos que se producen por medio de una combustión permanente en cada partícula. Para ésta son necesarios dos elementos: el óxigeno, que actúa de comburente, y el carbono o el hidrógeno, que constituyen el combustible.

Del aire y por medio de la respiración nuestro cuerpo se procura el oxígeno. Y los azúcares, las grasas y las proteínas contenidas en nuestro organismo proporcionan el carbono o el hidrógeno necesarios.

El sistema circulatorio tiene la misión de hacer llegar oxígeno e hidratos de carbono a todos los rincones de nuestro cuerpo para que pueda tener lugar la correspondiente combustión y, una vez ésta efectuada, recoger los deshechos, o sea el anhídrido carbónico, que son nocivos, y expulsarlos al exterior por medio de la respiración.

Si queremos que en nuestro cuerpo tengan lugar una serie de funciones de importancia vital, es preciso que nuestro sistema circulatorio se desenvuelva a la perfección.

Una alimentación sana favorece un corazón sano

Las **enfermedades del corazón** provocan una tercera parte de las muertes en personas adultas. En los países occidentales, la gran incidencia de este tipo de enfermedades se debe, en gran medida, a una alimentación excesivamente **rica en grasas** y **escasa en fibras**. La mejor prevención para evitar alguna enfermedad del corazón es seguir una alimentación sana. He aquí algunos consejos:

• Aumenta el consumo de alimentos ricos en fibra, como la fruta, la verdura fresca, las legumbres y los cereales.

• Come menos alimentos grasos y más carnes magras, pescado y pollo, y elige productos lácteos con bajo contenido en grasa.

• Tampoco beneficia a tu salud los excesivos helados o los pasteles.

• No ingieras más de cuatro huevos a la semana, ya que son ricos en colesterol.

• No sales demasiado las comidas, porque la sal puede contribuir al aumento de la presión sanguínea.

• Recuerda que la **obesidad** es uno de los factores de riesgo que pueden llegar a provocar enfermedades cardiovasculares.

Medios para conocer el estado de nuestro corazón

El **fonendoscopio** es el primer aparato que utiliza el médico para escuchar los latidos de tu corazón. Estos sonidos se producen al cerrarse cada una de las cuatro válvulas del corazón. Así, el médico coloca el aparato en cuatro zonas diferentes del pecho, que corresponden a cada una de las cuatro válvulas.

Para la posible existencia de enfermedades coronarias, se recurre al **electrocardiograma (ECG)**, un sofisticado equipo de ultrasonido que permite conocer la actividad eléctrica, la forma, el tamaño y el funcionamiento del corazón. En una persona con un corazón sano, el paso de los impulsos eléctricos por el corazón registra una línea con un trazo ondulante característico. El incorrecto funcionamiento del músculo cardíaco altera la ondulación y la regularidad de estas líneas. Si te sometes a un ECG, te conectarán los electrodos a las muñecas, los tobillos y seis puntos distintos del pecho. El análisis de los registros proporcionados por el ECG permite saber el tipo de trastorno y dónde se produce.

Otro sistema para conocer el funcionamiento de nuestro corazón es el **escáner**: consiste en inyectar una sustancia radioactiva que, cuando llega a la sangre, refleja la capacidad de bombeo del corazón.

Para saber cómo responde nuestro corazón ante una actividad intensa, se realiza la **prueba del esfuerzo físico**, que registra los impulsos eléctricos del corazón ante un determinado esfuerzo.

ECG DE UN CORAZÓN SANO

ECG DE UN CORAZÓN ENFERMO

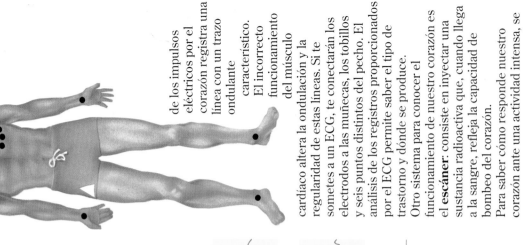

PUNTOS DEL CUERPO DONDE SE CONECTAN LOS ELECTRODOS EN UN ELECTRO-CARDIOGRAMA

Latidos del corazón y ejercicio

El ejercicio físico aumenta la velocidad y la fuerza de tus latidos. Después de practicar una actividad física, tu pulsación, si tienes unos 15 años, deberá ser de unos 145 latidos por minuto. Conforme aumenta la edad, disminuyen las pulsaciones: con 45 años se registran 120 latidos por minuto, y con 60 años, 110 latidos por minuto.

CIRCULACIÓN SANGUINEA

En el presente diagrama se indica la cantidad de sangre que circula por minuto por distintos órganos del cuerpo humano.

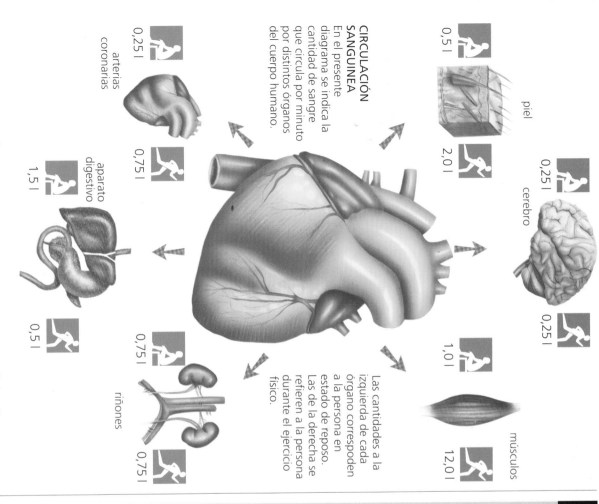

piel
0,5 l
0,25 l
2,0 l

cerebro
0,25 l

arterias coronarias
0,25 l
0,75 l

aparato digestivo
1,5 l
0,5 l

riñones
0,75 l
0,75 l

músculos
1,0 l
12,0 l

Las cantidades a la izquierda de cada órgano correspoden a la persona en estado de reposo. Las de la derecha se refieren a la persona durante el ejercicio físico.

El ejercicio físico mejora nuestro corazón

Al realizar una actividad física, la sangre circula más rápidamente por las arterias, con lo cual se evita la acumulación de grasas en el interior de aquéllas.

El ejercicio físico mejora el funcionamiento del corazón, tanto en el momento del esfuerzo como en tu vida cotidiana, a causa de los cambios que se producen en el interior de las paredes de los músculos cardíacos: estos se contraen más porque el ejercicio desarrolla las fibras musculares. Además, los vasos sanguíneos de los músculos se multiplican, lo que facilita el paso del oxígeno y de los nutrientes necesarios. Cuando practicas un ejercicio físico, la sangre tiene que circular a una mayor velocidad para transportar el oxígeno y los nutrientes a los músculos que necesitan este aporte de energía para continuar su actividad. De no realizar un esfuerzo físico, los músculos necesitan menos energía. Si estás en reposo, la circulación sanguínea por los músculos es de 1 litro por minuto; durante el ejercicio, la cifra se eleva a 12 litros de sangre por minuto.

✎ Si tu corazón está en buena condición física, después de hacer algún ejercicio fuerte, tu pulso no tardará más de un minuto en recuperar la normalidad. De no practicar con regularidad alguna actividad física, tu pulso tardará unos cuatro o cinco minutos en recuperarse tras el ejercicio.

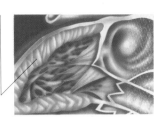

pared cardíaca de una persona de vida sedentaria

pared cardíaca de una persona que practica deporte

El hígado, fábrica de colesterol

La mayor parte del colesterol que llega a la sangre lo fabrica el hígado al metabolizar los alimentos, especialmente los productos ricos en grasas **saturadas**, como la nata, la mantequilla, los quesos curados, las carnes grasas, etc. En cambio, sólo un 3 % del colesterol sanguíneo procede directamente de los alimentos que ingerimos.

Las células necesitan colesterol para producir una serie de hormonas imprescindibles para nuestro cuerpo. Además es preciso para la formación de nuevos tejidos en diferentes partes del organismo. El colesterol que produce el hígado ya es suficiente para estas funciones. Cuando hay un exceso del mismo, se adhiere en forma de **depósitos de grasa (ateromas)** a las paredes de las arterias. De este modo, las arterias aumentan su volumen y se endurecen obstruyendo la circulación de la sangre hacia los diferentes órganos. Por ello, un exceso de colesterol es un factor de riesgo para contraer una enfermedad cardíaca.

¿ Sabías que... la hibernación es un mecanismo característico de algunas especies de sangre caliente?

Los animales de sangre fría, como los anfibios y los reptiles, viven con una temperatura interior igual a la del ambiente que les rodea. Por contra, numerosos animales de sangre caliente se ven obligados a hibernar para resistir las estaciones frías. Por ejemplo, en los pequeños mamíferos, como la musaraña o la ardilla, se producen una serie de alteraciones en el organismo que redu-cen sus constantes vitales: acumulan grasa en el cuerpo, los riñones dismi-nuyen su trabajo para retener líqui-dos, el ritmo cardíaco desciende, la respiración se acompa-sa hasta hacerse imperceptible, el cerebro sólo controla las funciones básicas, la linfa se acumula en los vasos sanguíneos y la temperatura corporal deja de ser regulada. De este modo, un lirón careto es capaz de bajar la temperatura de su cuerpo hasta los 0 °C, y el erizo pasa de 300 a apenas 5 pulsaciones por minuto. Todos estos cambios fisiológicos se mantienen durante los meses que dura el aletargamiento, en los que el pequeño animal parece estar muerto.

La sangre, vehículo de las grasas

En la corriente sanguínea, las grasas se unen a las proteínas y forman las llamadas **lipoproteínas**. Estas partículas se dividen según el número de proteínas que contienen: a mayor cantidad de proteínas, mayor densidad de lipoproteínas. Cada tipo de lipoproteína posee una función específica:

• En las **lipoproteínas de muy baja densidad (VLDL)** dominan los triglicéridos, sustancias utilizadas por el organismo como fuente de energía; de no ser así, se almacenan en forma de grasa.

• Las **lipoproteínas de baja densidad (LDL)** contienen un alto porcentaje del colesterol que necesitan las células para reproducirse y realizar otras funciones vitales. Un exceso de colesterol en la sangre, fruto de las LDL, aumenta el riesgo de sufrir enfermedades del corazón.

• Las **lipoproteínas de alta densidad (HDL)** contienen también abundante colesterol, pero desempeñan la función contraria que las LDL. Las HDL se encargan de eliminar el colesterol sobrante de las células y lo transportan al hígado para su ulterior excreción. La abundancia de este tipo de lipoproteínas protege la aparición de enfermedades cardíacas.

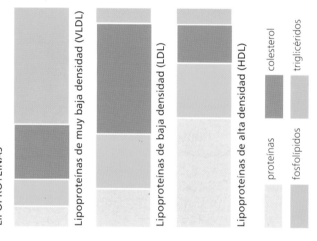

CONSTITUCIÓN DE LAS DIFERENTES LIPOPROTEÍNAS

Lipoproteínas de muy baja densidad (VLDL)

Lipoproteínas de baja densidad (LDL)

Lipoproteínas de alta densidad (HDL)

colesterol
triglicéridos
proteínas
fosfolípidos

A más estrés, más latidos

Ante cualquier situación que genera estrés, hay una respuesta física de nuestro cuerpo, la llamada **reacción de lucha o escape**. Se trata, en definitiva, de la preparación del organismo para afrontar el esfuerzo. El aumento del ritmo cardíaco es una de las manifestaciones fisiológicas que se producen de forma inmediata ante una situación de estrés. Si aumentan los latidos del corazón a consecuencia de un esfuerzo físico, nuestro cuerpo ha respondido correctamente. En cambio, si el ritmo cardíaco aumenta y llega más sangre a los músculos, pero estos no responden con una mayor actividad, el estrés puede resultar perjudicial para nuestra salud.

La hipertensión, un riesgo a tener en cuenta

Una de cada 100 personas sufre hipertensión grave y esta proporción es mayor en personas con más de 45 años. El llamado **ictus cerebral** (accidente vascular cerebral) es una consecuencia de la constante tensión arterial alta. En personas mayores de 70 años, el ictus cerebral es una causa frecuente de muerte.

Si sufres desvanecimientos, dolores de cabeza, o pérdida de memoria o concentración, puedes tener la tensión alta, aunque hay personas hipertensas que no tienen estos síntomas y se sienten bien.

A veces, la hipertensión obedece a un incorrecto funcionamiento de los riñones o a la alteración de alguna glándula endocrina. Además, los problemas emocionales pueden causar una subida de tensión.

Se desconocen las causas concretas que originan la hipertensión, aunque se sabe que se acentúa con la vida agitada y, en cambio, mejora con un estilo de vida más relajado.

La tensión sanguínea está en función de los latidos del corazón. Se mide con un brazalete que se coloca apretando el brazo, de forma que impida el flujo de la sangre. Se toma la lectura de la presión máxima de la sangre (cuando el corazón se contrae) y la de la tensión mínima (entre una y otra contracción del corazón). La tensión es alta cuando sobrepasa los 160 mm de mercurio de máxima y los 95 mm de mínima.

El tratamiento farmacológico puede ayudar a reducir la hipertensión, pero es más aconsejable que la persona que la sufre aprenda a **relajarse**.
La **dieta** es otro factor que puede influir en la hipertensión. Al perder peso, por poco que sea, se reduce de forma importante la presión arterial.

Regulación del nivel del colesterol

El colesterol llega a las membranas de las células a través de las **lipoproteínas de baja densidad (LDL)** y mediante unos **receptores** especiales. El colesterol no aprovechado por las células continúa en la sangre y se puede acumular si se ingieren en exceso alimentos ricos en grasas saturadas. Estas pueden provocar la disminución del número de receptores y, por lo tanto, impedir que las células utilicen el colesterol que normalmente usan.
Las **lipoproteínas de alta densidad (HDL)** absorben el exceso de colesterol de las células y lo transportan al hígado.
En este órgano, el colesterol pasa por un proceso de oxidación para formar ácidos biliares que llegan, a través del conducto biliar, al intestino.

LDL
receptores del colesterol
transferencia del colesterol a la membrana
membrana celular

el exceso de colesterol se acumula en la sangre
menor cantidad de receptores del colesterol
membrana celular
LDL

transporte del colesterol al hígado
conducto biliar
páncreas
intestino
hígado

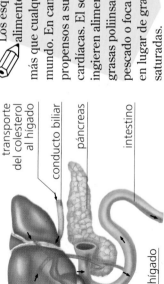

Los esquimales consumen alimentos muy ricos en grasas, más que cualquier otra población del mundo. En cambio, son menos propensos a sufrir enfermedades cardíacas. El secreto está en que ingieren alimentos ricos en grasas polinsaturadas, como pescado o foca marina, en lugar de grasas saturadas.

La arteriosclerosis, la clave de las enfermedades del corazón

La arteriosclerosis es la causa principal de las enfermedades coronarias, ataques cardíacos y otros trastornos de los vasos sanguíneos. La arteriosclerosis la producen los denominados **ateromas:** unos depósitos, compuestos básicamente de colesterol, que se forman en las paredes internas de las arterias. El ateroma provoca el estrechamiento y el endurecimiento de la pared de las arterias. En consecuencia, los vasos sanguíneos coronarios transportan menos sangre al músculo cardíaco. Si, por cualquier motivo, el corazón late más rápido, también necesita más oxígeno; caso de faltar el oxígeno necesario, se produce la muerte de áreas del tejido del músculo cardíaco, que son sustituidas por tejidos de cicatrización rígida.

Una dieta excesivamente rica en grasas saturadas favorece la formación de ateromas, cuyo desarrollo se acelera con el hábito de fumar o si se padece hipertensión.

arteria normal

DESARROLLO DE LA ARTERIOSCLEROSIS

ateroma

arteria enferma

coágulo de sangre

Angina de pecho

Una de las enfermedades que pueden generar los ateromas es la angina de pecho, cuyo síntoma es un fuerte dolor en el centro del pecho que se puede prolongar hacia el cuello, los hombros y los brazos. La angina de pecho se produce cuando llega al corazón menos sangre de la que éste necesita. En consecuencia, el músculo cardíaco empieza a quemar grasas y azúcares, y se acumula gran cantidad de productos residuales. El resultado de todo ello es la estimulación de los músculos cardíacos, que se traduce en un fuerte dolor. El tabaco y los humos de las ciudades pueden favorecer la aparición de una angina de pecho.

Existen fármacos, como la **nitroglicerina**, para prevenir la angina de pecho, y en ciertos casos también es posible practicar una intervención quirúrgica. Independientemente de las soluciones médicas, las personas propensas a sufrir una angina de pecho podrán prevenirla siguiendo una dieta carente de grasas saturadas, dejando de fumar y realizando un ejercicio físico adecuado para mejorar la circulación sanguínea.

La hipertensión es prácticamente desconocida en numerosas islas del Pacífico, en las comunidades montañesas de Papúa Nueva Guinea y en las tribus de los Andes y la cuenca del Amazonas.

CAUSAS DE LA ARTERIOSCLEROSIS

grasas animales

grasas vegetales saturadas

hábito de fumar

dieta desequilibrada

hipertensión

estrés

Las varices, una anormalidad en el flujo sanguíneo

Las varices se producen cuando la sangre no fluye con normalidad por los vasos sanguíneos. Un volumen excesivo de sangre durante un tiempo prolongado puede provocar que las **válvulas de las venas** no eviten la circulación de la sangre en sentido contrario, tal y como es su misión. Ello incrementa la presión en las venas de las piernas y hace que las paredes venosas se resientan y los vasos se dilaten. De esta manera, las válvulas acaban siendo completamente ineficaces.

vena con circulación sanguínea normal

vena en la cual se forma una variz

Cuando se tienen varices, se debe intentar mantener las **piernas internas elevadas** o bien envolverlas con vendajes apretados. En algunos casos, las varices pueden provocar úlceras, hemorragias o infecciones. En este último extremo, el tratamiento más efectivo es la intervención quirúrgica. Las varices suelen aparecer en la parte baja de las piernas y dan a las venas una forma bulbosa. La mitad de las personas que padecen varices es por factores hereditarios.

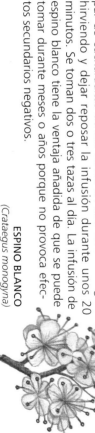

Plantas que curan

El **espino blanco** (*Crataegus monogyna*) es un arbusto con demostradas propiedades beneficiosas para aliviar afecciones cardíacas. Dos o tres tazas al día de infusiones de las flores, preferentemente frescas, pueden ayudar a normalizar las palpitaciones del corazón. Su eficacia se extiende al tratamiento de arritmias y otras afecciones cardiovasculares. El espino blanco es también beneficioso para aquellas personas que se recuperan de un ataque cardíaco. Es más, este arbusto ayuda a prevenir la aparición de nuevos ataques.

Su ingestión es aconsejable para aquellas personas que, por su modo de vida (situaciones de estrés, hábito de fumar, etc.), presentan riesgo de acabar sufriendo un infarto. Además está comprobada su eficacia ante problemas de hipertensión.

El uso de este arbusto es sencillo. Basta con poner un par de cucharaditas de sus flores en una taza con agua hirviendo y dejar reposar la infusión durante unos 20 minutos. Se toman dos o tres tazas al día. La infusión de espino blanco tiene la ventaja añadida de que se puede tomar durante meses o años porque no provoca efectos secundarios negativos.

ESPINO BLANCO
(*Crataegus monogyna*)

La anemia, mala compañera de los glóbulos rojos

La anemia se produce por la disminución de **hemoglobina**, una proteína que se encuentra en el interior de los glóbulos rojos. Una cantidad menor de hemoglobina supone una disminución de la capacidad de transportar oxígeno, que es la misión de los glóbulos rojos de la sangre.

La anemia más extendida es por **déficit de hierro**, lo que provoca que el organismo no pueda sintetizar la cantidad de hemoglobina necesaria. Las causas más comunes de anemia por falta de hierro son:

- Dieta pobre en alimentos que contengan hierro.
- Aumento de las necesidades de hierro durante el embarazo.
- Pérdidas regulares de sangre.
- Menstruaciones muy abundantes.

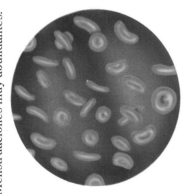

SANGRE DE UNA PERSONA ANÉMICA

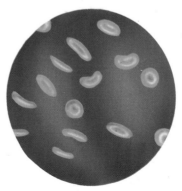

SANGRE DE UNA PERSONA NORMAL

Esta carencia se manifiesta en síntomas tales como dolor de cabeza, palidez, fatiga, deformaciones en las uñas, etc. Además del hierro, hay otras sustancias, como la **vitamina B$_{12}$** y el **ácido fólico**, cuya carencia provoca otros tipos de anemia. Una dieta equilibrada y rica en hierro, vitamina B$_{12}$ y ácido fólico previene la anemia. Contienen vitamina B$_{12}$ la carne, el hígado, los huevos, la leche, el pescado y ciertos tipos de algas marinas. En ácido fólico son ricos los espárragos, la lechuga, la remolacha, los plátanos, etc. Los cereales son importantes fuentes de hierro y otras vitaminas y sustancias minerales.

Los análisis de sangre, un buen detector de enfermedades

Los análisis de sangre ayudan al diagnóstico de numerosas enfermedades. El trastorno de cualquier parte del organismo humano, un desequilibrio hormonal, una enfermedad infecciosa o una deficiencia del sistema inmunológico pueden producir cambios en los componentes de la sangre. Además de la sangre, se puede analizar el **plasma** (el componente líquido de la sangre) y el **suero** (el líquido resultante de la coagulación sanguínea).

La tabla muestra los valores normales que ha de registrar el análisis de sangre de una persona sana:

COMPONENTES	HOMBRE	MUJER
glóbulos rojos	4,8 - 5,4 millones / mm³	4,2 - 4,8 millones / mm³
glóbulos blancos	5000 - 10000 / mm³	
neutrófilos	66,0 %	
eosinófilos	1,5 %	
basófilos	0,5 %	
linfocitos	26,0 %	
monocitos	6,0 %	
hematócritos	47 %	42 %
hemoglobina (en 100 cm³)	16 gr	14 gr
plaquetas	150000 - 350000 / mm³	

Análisis con el microscopio

Se utiliza el **microscopio** para analizar la sangre cuando se necesita saber la estructura, las dimensiones, el aspecto y el funcionamiento de los glóbulos rojos, los glóbulos blancos y las plaquetas. Este instrumento permite detectar la existencia de glóbulos anómalos, que son la causa de graves enfermedades. Además, el microscopio permite detectar bacterias o parásitos, lo que facilita el diagnóstico de enfermedades infecciosas. Otros componentes de la sangre son demasiado pequeños para observarlos a través del microscopio. Para estas sustancias se utilizan **análisis químicos**.

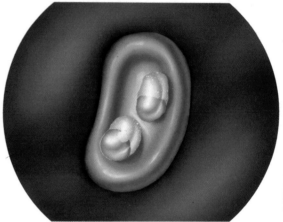

VISTA AL MICROSCOPIO DEL PARÁSITO DE LA MALARIA, DE COLOR AZUL, DENTRO DE UN GLÓBULO ROJO

En la antigüedad se creía que el paludismo lo provocaban los «malos aires» de los pantanos. El origen latino de paludismo, *palus*, significa precisamente «laguna».

Durante la Segunda Guerra Mundial, en condiciones de escasez de carne, huevos y grasas animales, se detectó una notable disminución de las dolencias cardíacas mortales en todos los países europeos en guerra.

Extracción de sangre

En algunos casos, basta con extraer dos o tres gotas de sangre de la punta de un dedo para realizar un análisis de sangre. Cuando se necesita una muestra mayor, se extrae sangre de una vena de la parte anterior del codo mediante una jeringuilla esterilizada. Para que la vena sobresalga, se coloca una cinta de goma, en forma de torniquete, alrededor de la parte superior del brazo. A continuación, se desinfecta la zona de la piel donde se pinchará la aguja esterilizada. Cuando se ha introducido la aguja, se extrae la sangre al subir el émbolo de la jeringuilla.

En cualquier caso, la cantidad extraída nunca es perjudicial para nuestro organismo, que cuenta normalmente con más de 4 litros de sangre. Tampoco hay riesgo de contraer enfermedades infecciosas, como el sida o la hepatitis B, si los instrumentos están esterilizados o se utilizan jeringuillas de un solo uso.

Control del azúcar en la sangre

Numerosas personas diabéticas controlan su enfermedad mediante continuos análisis de sangre para comprobar su nivel de **glucosa**. El método es sencillo: un dispositivo facilita la extracción automática de una gota de sangre de un dedo. Se coloca la gota sobre una cinta tratada químicamente y, a continuación, se compara el color que ha adquirido la cinta con la escala de colores impresa sobre un recipiente. De esta forma se determina el nivel de glucosa de la muestra de sangre. Si éste sube demasiado, el diabético deberá aumentar su dosis de insulina o revisar su dieta alimentaria.

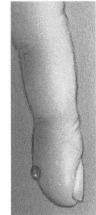

Ante el paro cardíaco, máxima rapidez

Cuando el corazón deja de latir y, por lo tanto, la persona no respira, se debe actuar con rapidez. Son suficientes 4 minutos sin que el oxígeno llegue al cerebro para que este se dañe irreversiblemente. Los síntomas de una persona que ha sufrido un paro cardíaco son: piel fría y lívida, pupilas dilatadas y falta de pulso en las arterias carótidas del cuello.

En primer lugar, se debe colocar a la víctima estirada boca arriba y sobre una superficie firme. Luego se da un fuerte golpe con el canto de la mano sobre la mitad inferior del esternón, sin que afecte a la punta del mismo.

De no responder, se deberá aplicar la **reanimación cardiopulmonar**, pero no apliques este método de no conocer correctamente la técnica y sin tener la certeza de que el corazón no late. Hay que arrodillarse al lado de la víctima y colocar la palma de una mano unos 2 cm por encima del punto en que se unen sus costillas con el esternón. La otra mano se coloca sobre la primera y, a continuación, con los brazos rectos, se empuja hacia abajo unos 5 cm (1) y se deja de presionar sin levantar las manos (2). Si la víctima tampoco respira, cada 15 presiones hay que practicar la **respiración boca a boca**, pero no se deben realizar ambas maniobras a la vez. Después de insuflar aire, se comprueba el pulso y, si no se detecta, se reanudan las presiones combinándolas con la respiración boca a boca.

El masaje cardíaco funciona cuando la víctima recupera el color, se reduce el tamaño de sus pupilas y vuelve el pulso a las arterias carótidas.

MASAJE CARDÍACO

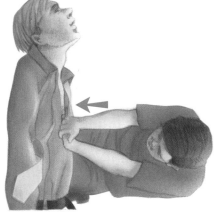

1

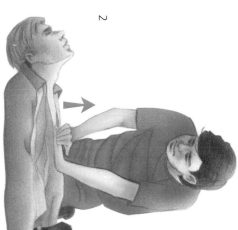

2

Sobre el ataque cardíaco y los latidos del corazón

El corazón puede dejar de latir a causa de un **ataque cardíaco**. Esto significa que los músculos del corazón no reciben el suficiente oxígeno para seguir funcionando porque se produce una obstrucción coronaria o trombosis. Se origina la **trombosis coronaria** cuando un coágulo de sangre bloquea una de las arterias de la pared del corazón. Este bloqueo impide que la sangre, con el oxígeno que transporta, llegue a una determinada zona del músculo cardíaco. El síntoma de la trombosis coronaria es un fuerte dolor, la mayoría de las veces, en medio del pecho o, en menor número de casos, debajo de la caja torácica. Este dolor se suele extender a los hombros, los brazos, la garganta y la mandíbula.

Los síntomas de la trombosis coronaria y de la angina de pecho son muy similares. Si una persona sufre un ataque cardíaco se debe pedir urgentemente ayuda médica. Mientras ésta llega, se coloca a la víctima semirrecostada y sobre unas almohadas a la altura de la cabeza y el pecho. Si respira con dificultad, hay que mantenerla sentada y aflojar las prendas apretadas del cuello, pecho y cintura. Si a consecuencia de un ataque cardíaco el corazón deja de latir, se debe iniciar un **masaje cardíaco externo**.

POSICIÓN EN QUE DEBE COLOCARSE UNA PERSONA QUE SUFRE UN ATAQUE CARDÍACO, MIENTRAS SE ESPERA AYUDA MÉDICA

Algunas operaciones quirúrgicas para combatir la angina de pecho consisten en extraer parte de una de las venas de una pierna e injertarla en el corazón para que supla el trozo de vena coronaria que está bloqueada, que es la causa de la angina de pecho.

Una persona obesa e hipertensa, con un exceso de peso entre un 5 y un 15 %, tiene un 70 % más de posibilidades de morir que una persona de peso normal. Si el sobrepeso es superior al 15 %, el riesgo de muerte es dos veces y media mayor.

La mortalidad entre los diabéticos con un 5 a un 15 % de sobrepeso supera en un 25 % a la normal para este tipo de enfermos. Este porcentaje se duplica si el sobrepeso es de un 15 a un 25 %. Los diabéticos con más de un 25 % de sobrepeso tienen un riesgo de morir cinco veces superior.

Distintos tipos de hemorragia

Se produce una **hemorragia** cuando la sangre sale de los vasos sanguíneos. Si la hemorragia es muy abundante a causa, por ejemplo, de una herida profunda o que afecta a una arteria, se debe detener de inmediato para evitar el estado de *shock*, la inconsciencia e incluso la muerte. Una persona adulta sana puede perder hasta 3/4 de litro de sangre sin consecuencias graves. En cambio, en los niños, perder 1/4 de litro ya es grave.

Cuando la sangre sale del cuerpo a través de una herida, se trata de una **hemorragia externa**. La sangre se coagula por sí misma, siempre que no esté manando. Por lo tanto, lo primero que se tiene que hacer para detener la hemorragia es presionar directamente la herida, cogiendo sus bordes con fuerza. Se mantiene la presión unos 10 minutos para que se forme el coágulo. En cuanto disminuye la pérdida de sangre, se aplica una gasa o apósito. Una vez detenida le hemorragia, se limpia la herida y se coloca otra gasa limpia firmemente sobre la herida.

Si la sangre se acumula en el interior del cuerpo, se trata de una **hemorragia interna**. Los síntomas de una hemorragia interna son: piel fría y húmeda, pulso débil y acelerado, respiración rápida y superficial, sed intensa, zumbido en los oídos y pérdida de la visión. Ante este tipo de hemorragias, has de llamar rápidamente al médico e intentar mantener tranquila a la víctima. No debes darle de comer ni de beber, aunque si tiene mucha sed, le puedes humedecer los labios.

En las **hemorragias exteriorizadas**, la sangre sale por un orificio natural: la epistaxis o hemorragia nasal es la más común de este tipo. Se puede contener comprimiendo con los dedos el orificio nasal que sangra.

Cómo tratar la hemorragia en un brazo y en una mano

En el caso de una hemorragia provocada por una herida lacerada (con desgarros) en el **brazo**, puede bastar con presionar la herida para poner fin a la hemorragia y que se coagule la sangre (1). De no existir elementos extraños en el interior de la herida, se aplica una gasa o apósito almohadillado bastante grande (2). A continuación, se venda firmemente para mantener la presión, pero sin cortar la circulación de la sangre (3). Finalmente, se ata la venda con un nudo llano en una zona no lesionada (4).

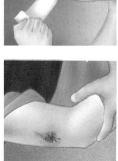
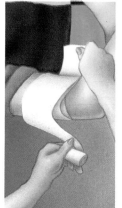

Si se trata de una herida incisiva en la **mano**, ésta se debe mantener lo más elevada posible y se deben unir los labios de la herida para favorecer la coagulación de la sangre (1). Una vez cortada la hemorragia, o si sale poca sangre, se aplica un apósito limpio (2). Al igual que con el brazo, se venda firmemente la herida de la mano, pero sin impedir la circulación sanguínea (3). Finalmente, se dan varias vueltas con la venda alrededor de la mano (4).

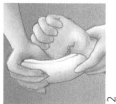
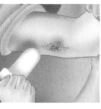
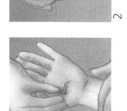

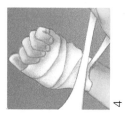

Cómo vendar un dedo

Si los cortes son pequeños en un **dedo**, bastará con una tirita. En cambio, si la lesión es más profunda o extensa, deberá vendarse. Con la ayuda del lesionado, se coloca la venda a lo largo del dedo, por la parte trasera y hacia delante (1). A continuación, se vuelve a llevar la venda a la punta del dedo, se meten las esquinas y se venda alrededor del dedo hasta la base. Cada vuelta debe montar sobre dos tercios de la anterior (2). Se coloca la venda a lo largo del dorso de la mano, se vuelve a dar una vuelta alrededor de la muñeca y se pasa por debajo de la parte fija (3). Se divide por la mitad, en forma longitudinal, el extremo que queda de la venda y se atan los cabos con un nudo (4). Luego, se fijan firmemente alrededor de la muñeca con otro nudo llano (5).

Lesiones en la cabeza

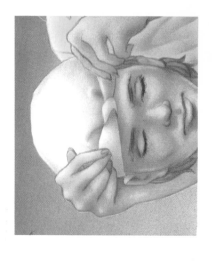

Se coloca una almohadilla sobre la lesión y se cubre con una venda triangular, cruzando los extremos largos detrás de la cabeza. A continuación, se llevan los dos extremos a la parte delantera y se atan sobre la frente con un nudo llano. Por último, se arregla la parte posterior doblando la esquina de la venda que sobresale y prendiéndola con un imperdible detrás de la cabeza.

Vendajes de pie, rodilla y codo

Las heridas con perforación que se producen en el **pie** raras veces sangran. En cualquier caso, es necesaria la ayuda médica inmediata ante el riesgo de una hemorragia interna o de una infección si la herida es profunda. Se coloca el pie sobre la venda, con el talón situado a una distancia de 10 cm del centro del borde largo (1). A continuación, se levanta la esquina delantera de la venda sobre el pie y se le da al accidentado para que la aguante (2). Con un lado de la venda se cubre la parte superior y trasera del talón; se realiza la misma operación con la otra parte de la venda (3). Ambos extremos del vendaje se traen hacia delante y se atan firmemente con un nudo llano (4). Finalmente, se dobla hacia abajo la esquina que sobresale y se une al nudo con un imperdible (5).

En el caso de lesiones en el **codo**, después de limpiar la herida y cubrirla con un apósito seco, se venda de la siguiente forma: se dan con la venda dos vueltas al brazo, cerca del codo (1). A continuación, se dan una o dos vueltas alternadas por encima y por debajo del ángulo del codo (2). Finalmente, se tuerce la venda entre las vueltas para conseguir un vendaje más cómodo (3).

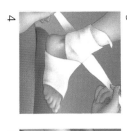
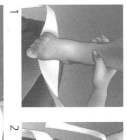
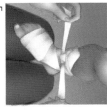

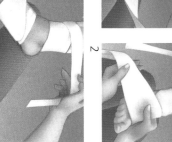

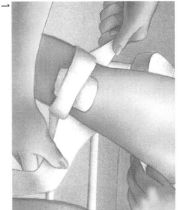

La forma más fácil de vendar cortes y rozaduras en la **rodilla** es a través de una venda triangular. Tras limpiar la herida, se coloca un apósito seco sobre ella y se cubre con la venda, de forma que se crucen los extremos largos por debajo de la rodilla (1). Estos extremos se llevan detrás de la rodilla y se atan al muslo, justo por encima de la rodilla (2). Para atar, se utiliza un nudo llano. Se dobla hacia abajo la esquina de la venda que sobresale y se coge al nudo con un imperdible (3).

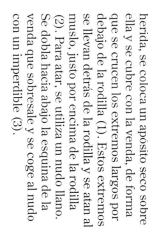

¡Cuidado con las heridas!

Una de las misiones de la piel es impedir que los **microbios** penetren en nuestro organismo. Un corte, raspadura o contusión provocan una lesión en la piel, es decir, una herida que puede facilitar la penetración de los microbios en la corriente sanguínea y, por lo tanto, provocar una **infección**: Todas las heridas deben ser limpiadas y tratadas sin demora. A continuación te indicamos cómo debes actuar ante una herida poco profunda: en primer lugar, lávate bien las manos con agua y jabón (1) y, antes de secártelas, échate alcohol (2). Después, utiliza una compresa para limpiar la herida con jabón y agua. Debes empezar limpiando por el centro de la herida y continuar hacia el exterior, incluso más allá de la piel sana (3). Corta los pelos a ras de piel y extrae los cuerpos extraños (tierra, arena, etc.), si los hay. Utiliza unas tijeras de punta

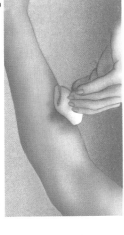

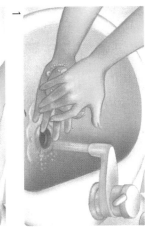
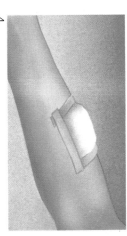

roma para cortar con cuidado los trozos de piel muerta. Si la herida sangra, aplica abundante agua oxigenada. Deja la herida al aire, siempre que no sangre y no exista riesgo de que se ensucie. Si continúa sangrando, coloca una o dos compresas de gasa estéril o algodón hidrófilo sobre la herida y sujétalo con esparadrapo (4). De no sangrar la herida, puedes también taparla con un apósito de pronto uso (tirita). Si la herida continúa sangrando o supurando, cambia la compresa o el apósito al menos dos veces al día; en caso contrario, bastará con renovarla cada dos o tres días. Si la herida se inflama, duele o enrojece, debes acudir al médico.

El aparato excretor

Algunos de los alimentos que ingerimos, como los azúcares y las grasas, se transforman dentro de nuestro cuerpo en anhídrido carbónico y agua.

Otros alimentos, como la carne, la leche, los huevos, etc., después de diferentes transformaciones, dan lugar a amoníaco y a sales diferentes, que de forma permanente son vertidos en la sangre.

Como se trata de productos tóxicos cuya acumulación sin duda ocasionaría un progresivo envenenamiento de fatales consecuencias, nuestro cuerpo tiene ya organizada la manera de expulsarlos. En parte, a través de los pulmones; en parte, a través del aparato digestivo; y en parte a través de la piel.

Pero es el aparato excretor el que tiene como única misión recoger de nuestro organismo desechos como el agua sobrante, el amoníaco, los fosfatos, etc., con los cuales forma la orina, y expulsarlos al exterior. De su buen funcionamiento y mantenimiento depende que nuestro cuerpo se mantenga limpio de toxinas y otros elementos nocivos para su salud.

El agua, una sustancia esencial

El agua es una sustancia vital para nuestro organismo: un 60 % de él está formado por agua, e incluso el plasma sanguíneo, la parte líquida de la sangre, es básicamente agua. Además, el agua es imprescindible para el proceso de nutrición de las células.

Otra de las funciones del agua es facilitar la salida de las heces: en el tránsito de los residuos de la metabolización desde el intestino hacia el recto, el agua de los vasos sanguíneos adyacentes ayuda a ablandar las heces y facilitar su salida. Nuestro organismo elimina agua a través de la **respiración**, el **sudor**, las **heces** y la **orina**. Sólo mediante la orina ya expulsamos una media de casi 1,5 litros de agua al día, pero esta cantidad se recupera con los líquidos y los alimentos que ingerimos, como las verduras y las frutas, que son muy ricas en agua. Además, el organismo es capaz de producir agua mediante la metabolización de carbohidratos, grasas y proteínas. En cualquier caso es aconsejable beber, por lo menos, ocho vasos de agua al día.

manzana cruda
84 %

salmón cocido
63 %

guisante congelado
82 %

chuleta de cordero cocinada
62 %

100
90
80
70
60
50
40
30
20
10
0

CANTIDAD DE AGUA QUE CONTIENEN ALGUNOS ALIMENTOS INDICADA GRÁFICAMENTE POR LA PARTE MÁS INTENSA

Los «buenos» y los «malos» de la flora intestinal

La flora intestinal nos acompaña desde el primer instante de nuestra vida, ya que los gérmenes empiezan a poblar los intestinos del recién nacido en el llamado «canal del parto». A lo largo de nuestra vida, la flora intestinal se regenera y muere a través de las heces. Su existencia es básica para nuestro cuerpo, siempre que los gérmenes que la forman sean los adecuados (**simbióticos**) y beneficien a nuestro organismo. En caso contrario, cuando el intestino es habitado por gérmenes nocivos, se produce una **disbiosis** que puede causar diversos problemas de salud. La flora intestinal simbiótica produce en el intestino **vitaminas** que aprovecha el organismo, como el ácido fólico, la biotina, la niacina, la piridoxina, etc. Además, fabrica **enzimas** como la lactasa, que interviene en la ingestión de productos lácteos y favorece la absorción del calcio. La flora intestinal defiende y protege también nuestro organismo de gérmenes nocivos. Precisamente, el intestino posee unas características (alimentos, humedad, temperatura, etc.) idóneas para acoger gérmenes, tanto simbióticos como nocivos. Estos últimos generan sustancias no útiles para nuestro organismo e incluso perjudiciales. Si este tipo de gérmenes se reproducen continuamente, pueden causar numerosos trastornos digestivos, cutáneos y alérgicos, además de náuseas, vómitos, diarreas, espasmos abdominales y dolor de extremidades o columna.

Cuando la flora intestinal es anómala, se intenta sanarla mediante preparados bacterianos y el seguimiento de una **dieta natural e integral**. Una dieta insana –hamburguesas, pan blanco, chocolatinas, etc.– o el tabaco pueden perjudicar la flora simbiótica y, por lo tanto, facilitar la entrada de gérmenes nocivos en los intestinos.

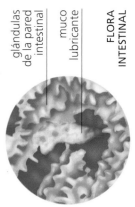

glándulas de la pared intestinal

muco lubricante

FLORA INTESTINAL

GÉRMENES QUE ATACAN LA FLORA INTESTINAL

CAUSA	SÍNTOMAS	INICIO
Bacillus cercus	Diarrea y vómitos	2 a 14 horas
Clostridium botulinum (botulismo)	Dificultad para hablar, visión borrosa y parálisis	12 a 36 horas
Campylobacter fetus	Diarrea	2 a 6 días
Clostridium perfringens	Espasmos abdominales	6 a 12 horas
Intoxicación por sustancias químicas	Diarrea y vómitos	30 minutos
Listeria monocytogenes	Síndrome de tipo gripal	7 a 30 días
Salmonelosis	Diarrea y vómitos	8 a 48 horas
Shigelosis	Diarrea y espasmos abdominales	2 a 3 días
Estafilococos	Vómitos	1 a 6 horas
Virus	Diarrea y vómitos	12 a 48 horas

Los alimentos y la flora intestinal

Existen alimentos muy beneficiosos, poco recomendables o negativos para la flora intestinal. Por regla general, los **alimentos frescos**, como cereales germinados, hortalizas crudas, fruta fresca y la leche directamente ordeñada, se consideran positivos para la flora intestinal. Los alimentos frescos sometidos a **manipulación** mecánica o enzimática (por ejemplo, cereales integrales troceados o molidos), se valoran también bastante positivamente. Los alimentos **tratados al calor** (por ejemplo, las sopas de cereales) son aún aceptables para la flora intestinal, pero otros, como los alimentos **en conserva**, son poco recomendables y no deben tomarse a diario. Finalmente, los **productos sintéticos y sustancias aisladas**, como el azúcar blanco o moreno, actúan de forma negativa sobre la flora intestinal.

LOS ALIMENTOS Y LA FLORA INTESTINAL

VALORACIÓN	MUY POSITIVA (alimentos frescos sin ningún tipo de alteración)	BASTANTE POSITIVA (alimentos frescos sometidos a un efecto mecánico o enzimático)	ACEPTABLE (alimentos tratados por calor)	POCO RECOMENDABLE (alimentos en conserva; no deben ser tomados diariamente)	NEGATIVA (productos sintéticos y sustancias aisladas)
Cereales	• Cereales germinados.	• Cereales integrales: troceados o molidos. • Harina integral (trigo, centeno) obtenida a partir del grano integral.	• Cereales integrales (trigo, centeno, arroz, maíz, mijo, etc.) tratados por el calor. • Harinas integrales utilizadas en procesos de panificación (tortas, bollos, galletas, pizzas, etc.).	• Arroz blanco. • Copos de cereales sin su germen. • Harina blanca o semi-integral y productos elaborados con ella: pan, pastas, bollos, tartas, galletas, etc. • Cornflakes.	• Azúcar blanco y moreno. • Glucosa, fructosa, maltosa. • Preparados "adelgazantes" de todo tipo dietético.
Frutas	• Fruta fresca de todo tipo.	• Fruta troceada. • Zumos de fruta no tratados por el calor.	• Fruta cocida (compotas, p.ej.).	• Conservas de frutas. • Néctares de frutas.	
Verduras Hortalizas	• Verduras y hortalizas crudas (flores, hojas, tallos, bulbos, frutos, raíces).	• Verduras y hortalizas: - troceadas - acidificadas - jugos de verduras no tratados por el calor - legumbres germinadas	• Verduras, hortalizas, setas, legumbres o patatas: hervidas (o tratadas por otras formas de calor) o congeladas. • Zumos de verduras tratados por el calor. • Tofu (queso de soja).	• Verduras, hortalizas, setas, legumbres o patatas en conserva.	• Productos aislados: almidón, proteínas, lecitina, aromatizante, alcohol. • Productos de soja texturizados.
Frutos secos Semillas	• Aceitunas. • Semillas oleaginosas: - girasol - sésamo. • Frutos secos (semillas): - almendras - nueces - avellanas	• Aceites prensados en frío (sin refinar). • Frutos secos (semillas): - recién rallados - molidos ("crema") • Frutos secos (tostados o no tratados por el calor).	• Margarina vegetal no solidificada, con una elevada proporción de aceites prensados en frío. • Grasa vegetal. • Frutos secos tratados por el calor.	• Grasas y aceites tratados por el calor y refinados (la mayoría de las margarinas y grasas utilizadas en la cocina convencional).	• Aceites recalentados varias veces (p.ej. fritos). • Turrones.
Productos lácteos	• Leche cruda (tal como se obtiene del ordeñe y conservada en frío).	• Productos obtenidos a partir de la leche cruda: yogur, kefir, leche ácida, nata, mantequilla, cuajada, queso.	• Leche pasteurizada y los productos obtenidos de ellos (los mismos del apartado anterior).	• Leche esterilizada. • Leche desnatada. • Nata esterilizada. • Leche condensada. • Leche en polvo. • Queso fundido (porciones, lonchas).	• Productos aislados: caseína, proteína láctica, lactosa, vitaminas, lecitina. • Preparados dietéticos adelgazantes.
Carne / Pescado Huevos			• Carne, pescado, huevos.	• Productos cárnicos. • Embutidos, vísceras (despojos). • Conservas de carne y de pescado. • Huevos (no frescos).	• Preparados aislados: - proteínas - grasa de cerdo.
Bebidas	• Agua mineral o de manantial.	• Agua potable (sin cloro). • Infusiones.	• Agua de mesa (gasificada). • Cacao (sin azúcar).	• Agua del grifo (cloro). • Bebidas de cacao o chocolate. • Café. • Cerveza, vino.	• Refrescos y bebidas de cola. • Bebidas instantáneas. • Bebidas alcohólicas de mayor graduación.
Condimentos / Especias	• Hierbas condimenticias frescas. • Semillas o raíces condimenticias.	• Hierbas secadas por el aire. • Raíces. • Semillas troceadas.	• Hierbas tratadas por el calor. • Vinagre de vino y de sidra. • Levadura de cerveza (copos). • Sal marina.	• Extractos condimenticios. • Sal de cocina. • Salsa de soja.	• Aromatizantes (aislados) y artificiales. • Salsas comerciales. • Vinagre de aguardiente.
Edulcorantes	• Fruta dulce y fresca: - uva - peras - plátanos - melones	• Frutas secas ablandadas: - pasas - higos - ciruelas - dátiles - albaricoques	• Miel no calentada.	• Miel tratada por el calor. • Concentrados de: - manzana - pera - remolacha - Melaza (caña, p.ej.).	• Azúcar blanco y moreno. • Sacarosa, glucosa, fructosa. • Miel artificial. • Edulcorantes artificiales. • Productos de repostería y golosinas.

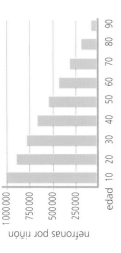

neíronas por riñón

1.000000
750000
500000
250000

edad 10 20 30 40 50 60 70 80 90

El aparato urinario merece cuidarse

El aparato urinario tiene la importante misión de eliminar el exceso de agua y las sustancias nocivas del organismo. Se compone de los riñones, los uréteres, la vejiga y la uretra. Los **riñones** tienen la función de filtrar las sustancias químicas de desecho y el exceso de agua de la sangre, y transformar ambas en orina. Los **uréteres** son dos conductos estrechos que transportan la orina desde los riñones a la **vejiga**, un órgano muscular que almacena la orina. Cuando la vejiga está llena, sentimos la necesidad de orinar. Finalmente, la **uretra** es el conducto encargado de conducir la orina almacenada en la vejiga hacia el exterior.

A medida que aumenta la edad, se reduce el buen funcionamiento de los riñones: un niño de 10 años tiene alrededor de un millón de **nefronas** o pequeños filtros renales, mientras que el riñón de una persona de 50 años ha reducido casi a la mitad el número de sus nefronas. En la tabla adjunta puedes observar la relación entre la edad y el número de nefronas por riñón.

Plantas que curan

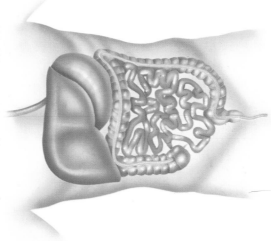

DIENTE DE LEÓN
(*Taraxacum officinale*)

El **diente de león** (*Taraxacum officinale*), que tiene reconocidas propiedades depurativas, crece por doquier, e incluso los agricultores la consideran una mala hierba.

Tanto sus flores como sus raíces contienen taraxacina, una sustancia amarga que es la principal responsable de sus efectos diuréticos y tónicos. Sus características son las que han dado nombre a la planta: amargón, *pixallis* (catalán), *piss en lit* (francés)...

Además, el diente de león activa el metabolismo celular, en especial del hígado y del riñón, lo que favorece la producción de bilis y orina. Está indicada también en personas que sufren reumatismos crónicos, como artrosis.

El diente de león se puede ingerir de diversas formas: en maceración (se deja en agua toda la noche, a razón de una cucharada sopera por taza de agua), en infusión (hirviendo las hojas unos minutos en agua), o bien se pueden comer sus hojas crudas (por ejemplo, en ensalada).

Esta planta se emplea para realizar las denominadas «curas depurativas», que duran entre cuatro y seis semanas y se suelen realizar en primavera y otoño.

Consejos para el buen funcionamiento de los riñones

Existen dos normas básicas para favorecer el correcto funcionamiento de los riñones:

• **Sigue una dieta variada**, con alimentos ricos en agua (fruta, hortalizas, etc.).

• **Bebe lo suficiente** para facilitar la eliminación de las sustancias tóxicas. Bebe más en verano porque, al sudar, pierdes más líquido.

En ocasiones, la ingestión de excesivo líquido puede ser perjudicial si los riñones no funcionan correctamente y son incapaces de filtrar toda la sangre que reciben. Son indicios de irregularidad en el funcionamiento de los riñones tanto el cambio de color de la orina, como la escasa o excesiva frecuencia de la micción. Un **análisis de orina** puede detectar anormalidades en el sistema renal.

La patata, buena aliada de los riñones

La patata facilita el trabajo de los riñones, a la vez que contrarresta los efectos de la dieta convencional sobre el sistema excretor. Para ello, la patata se ha de cepillar y lavar previamente, y luego cocerla al vapor con su piel. La llamada «**dieta de patatas**» se aplica en algunas clínicas centroeuropeas por sus propiedades beneficiosas: combate la acidificación del medio interno y mejora la situación metabólica de los enfermos, especialmente de los que padecen trastornos reumáticos. Además, la patata es rica en potasio y pobre en sodio, por lo que tiene un efecto antiedematoso (evita el encharcamiento de los tejidos) en pacientes cardíacos y renales.

¿Por qué se pueden alterar las heces?

Un **cambio de dieta**, tomar medicamentos o someterse a ciertas pruebas médicas pueden provocar alteraciones temporales en las heces y afectar la frecuencia de las defecaciones. A veces, el color y la consistencia de las heces son síntoma de algún trastorno.

Si sigues una dieta sana es normal la presencia de ciertos elementos fibrosos insolubles en las heces. Esto ocurre, por ejemplo, al tomar muchas verduras o frutas.

Respecto a las **pruebas médicas**, después de someterse a una radiografía con contraste de bario, es normal que las heces presenten un aspecto blanquecino o muy pálido.

Los **medicamentos** son otro factor que puede alterar las heces. El uso prolongado de antibióticos quizá cause diarrea al disminuir el número de bacterias simbióticas en el colon. En cambio, los medicamentos con codeína (por ejemplo, los jarabes contra la tos o los calmantes) pueden provocar estreñimiento. Los medicamentos que contienen metales, como el hierro y el bismuto, pueden otorgar un aspecto negruzco a las heces. Ahora bien, no tomar este tipo de medicación y presentar las heces un aspecto oscuro puede ser un síntoma de la existencia de sangre en las defecaciones. En este caso, se debe consultar a un médico.

COLONOSCOPIA
En azul el colonoscopio, instrumento que se introduce por el ano y llega hasta el ciego para explorar todo el intestino y su contenido

La flora intestinal puede llegar a pesar hasta 1,5 kg en una persona de complexión normal. No es para menos, ya que la flora posee billones de gérmenes de más de 400 «especies» diferentes.

La alimentación y el sistema renal

Nuestra dieta se suele caracterizar por el consumo de alimentos ricos en proteínas, grasas animales, azúcares y conservas. En cambio, ingerimos poca fibra y sustancias vitales: vitaminas, minerales y oligoelementos. El resultado de este tipo de dieta es un exceso de grasa en la sangre, que se deposita en la pared de las arterias (**arteriosclerosis**) y afecta negativamente a los riñones.

Una alimentación demasiado rica en proteínas perjudica su buen funcionamiento por diversas razones:

la metabolización de las proteínas puede generar un **exceso de ácido úrico** y otros restos nitrogenados que obligan a un trabajo adicional para su eliminación; además, se dificulta la **permeabilidad de los capilares sanguíneos**, lo que repercute en los riñones.

Considera también la cantidad de **purinas** que contienen muchos alimentos porque generan, al metabolizarse las proteínas, ácido úrico. En la tabla adjunta puedes comprobar el contenido de purinas de ciertos alimentos.

Debes disminuir también el consumo de alimentos ricos en grasas animales, como la mantequilla, las carnes grasas, los quesos curados, los embutidos, etc. En su lugar ingiere **grasas vegetales,** como el aceite de oliva (prensado en frío) y las semillas oleaginosas (girasol, almendras, etc.) no tratadas mediante calor.

Es aconsejable vigilar el **equilibrio ácido-básico** del organismo mediante el control del grado de acidez-alcalinidad (**pH**) de la orina. Se considera que el grado de acidez y el de alcalinidad están en equilibrio cuando el pH tiene un valor igual a 7. Cifras inferiores significan acidez y, por lo tanto, estás forzando el trabajo de tus riñones. Cifras superiores representan mayor alcalinidad; entonces, el ácido úrico permanece disuelto y no forma piedras en el riñón.

El consumo de **bebidas alcohólicas** dificulta la eliminación de ácido úrico. Por tanto, es preferible que bebas a diario dos litros de agua, zumos de fruta recién hechos o infusiones.

CONTENIDO DE PURINAS (ÁCIDO ÚRICO) DE ALGUNOS ALIMENTOS
(en miligramos por cada 100 gramos de alimento)

0 - 25 mg	Aceites y grasas Frutas, verduras y hortalizas Huevos Productos lácteos
40 - 60 mg	Pan integral Pasta, sémola Judías verdes, espinacas
100 - 200 mg	Carne Pescado Marisco Embutidos Volatería Despojos Legumbres
200 mg	Extracto de carne Almejas Anchoas, sardinas, atún, arenque, salmón ahumado Hígado, riñón, molleja, ganso Soja y derivados

---

El análisis de orina

El análisis de orina es un medio eficaz y sencillo para detectar diversas enfermedades y estados: anormalidades en el funcionamiento de los riñones (por ejemplo, piedras), posibles infecciones en el aparato urinario, gota, embarazos, etc. Estos análisis determinan las sustancias que hay en la orina y su cantidad. La orina sana es de color paja y casi no desprende olor, por lo que una variación de estas características denota alguna disfunción orgánica. Una muestra de orina con presencia de sangre, glucosa o gran cantidad de proteínas puede ser síntoma de diabetes, infecciones, tumores o algún trastorno nefrítico o prostático.

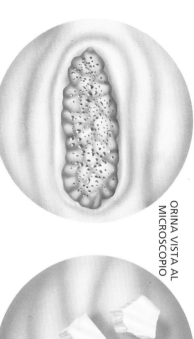

ORINA VISTA AL MICROSCOPIO

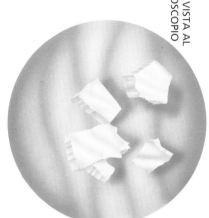

La excesiva presencia de un determinado cristal puede indicar la existencia de un trastorno

Existencia de un trastorno nefrítico: los cálculos constan de sustancias que contienen glóbulos rojos

---

La orina y su color

El color de la orina puede variar en función de numerosas causas, como el tipo de alimentos ingeridos, la pérdida de líquidos por el sudor, etc. Estos cambios son normales, pero otros, por el contrario, pueden ser el síntoma de una enfermedad.

EL COLOR DE LA ORINA Y SUS POSIBLES CAUSAS

ASPECTO	POSIBLE CAUSA
Amarillo pálido o incoloro	La orina puede estar muy diluida después de haber bebido mucho líquido.
Amarillo oscuro	Concentración de la orina causada por deshidratación, exceso de sudor, diarrea o vómitos.
Color naranja o rojizo	Algunos medicamentos alteran el color de la orina: consulta a tu médico.
Marrón o rojo	Presencia de sangre en la orina. Consulta a tu médico.
Color rosa, rojo	Las zanahorias, los betabeles, algún colorante alimentario y los medicamentos producen ese color. Si el color persiste, debes hacerte un análisis.
Espumoso	Pérdida de proteínas de un riñón enfermo.

El cólico nefrítico

Una de las enfermedades renales más comunes es el cólico nefrítico, causado por **cálculos** o **piedras** que pueden llegar a tener más de 5 cm de diámetro. Estas piedras se suelen formar en los riñones o en la vejiga, ya que existen sustancias en la orina que forman sales y pueden llegar a convertirse en piedras a causa de trastornos metabólicos, la disminución del volumen de agua existente en el organismo o la ingestión de ciertos alimentos.

Se produce el cólico nefrítico cuando la piedra desciende desde el riñón por el uréter hacia la vejiga. El dolor es muy intenso hasta que la piedra llega a la vejiga. Si el cálculo es de reducidas dimensiones, se puede expulsar por la orina, pero en caso contrario es necesaria una intervención médica.

CÓLICO NEFRÍTICO

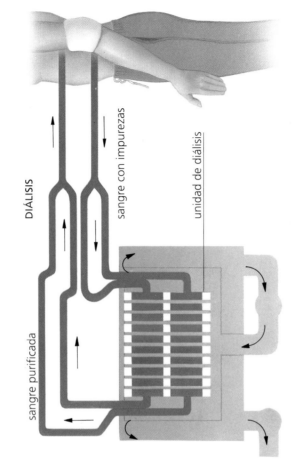

riñón

cálculo

uréter, conducto por donde pasa el cálculo

vejiga

cálculo

uretra

La insuficiencia renal

Se produce una insuficiencia renal cuando los riñones no eliminan las sustancias tóxicas de la sangre y, por lo tanto, estas quedan retenidas en ella (**uremia**).

La insuficiencia renal aguda suele ser leve y temporal. Se puede producir a causa de la obstrucción de las vías urinarias por un cálculo, debido a una infección o porque no llega suficiente sangre al riñón.

La insuficiencia renal crónica es una enfermedad grave, ya que los riñones no desempeñan su función y, por lo tanto, se ha de recurrir a la diálisis o a un trasplante de riñón.

Mediante la **diálisis**, la sangre se depura artificialmente. Consiste en un aparato que recoge la sangre de una arteria del enfermo, la filtra, separa los residuos del metabolismo, enriquece la sangre con iones de cloro y bicarbonato y, a continuación, la devuelve, ya purificada, a la vena del paciente. La diálisis funciona como un riñón artificial.

DIÁLISIS

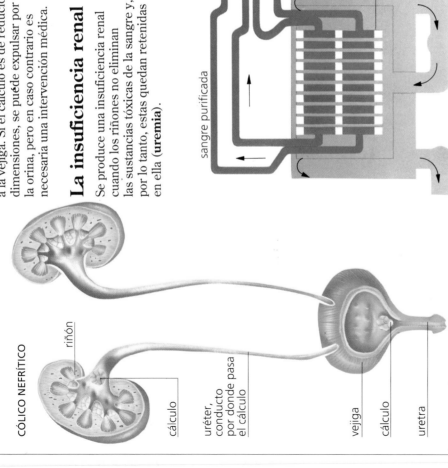

sangre con impurezas

unidad de diálisis

sangre purificada

La incontinencia urinaria

La incontinencia urinaria o **enuresis** es la expulsión involuntaria de orina de forma repetida. Las causas de esta enfermedad son muy variadas: infección urinaria, obstrucción de la uretra, incorrecto funcionamiento del esfínter (el músculo responsable de abrir el orificio de la uretra), etc.

Este trastorno lo sufren muchas personas mayores, pero también afecta a niños mayores de cinco años que no han aprendido a controlar voluntariamente el esfínter. La **incontinencia infantil** se suele producir por las noches, mientras se duerme. Los factores psíquicos (conflictos afectivos, miedo al empezar a ir a la escuela, etc.) son una de las causas más comunes de la incontinencia infantil. Si el problema persiste se debe consultar a un médico.

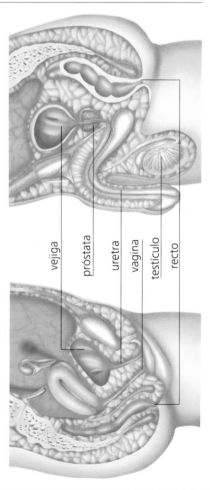

vejiga

próstata

uretra

vagina

testículo

recto

Tratamientos naturales de prevención

Existen una serie de tratamientos preventivos naturales que, sin riesgo alguno, te ayudarán a evitar la aparición de enfermedades del aparato excretor:

• *Tratamiento dietético:* Disminuye el consumo de productos lácteos y evita un exceso de higos secos, cacao y alimentos proteicos ricos en purinas (carne, pescado, huevos, vísceras, etc.), ya que estas son las causantes del ácido úrico. Evita el alcohol y el café.

• *Tratamiento diurético:* Bebe gran cantidad de líquidos e ingiere caldos vegetales, ensaladas, espárragos y apio.

• *Tratamiento derivativo:* Aumenta la sudoración practicando algún ejercicio físico, mediante baños de vapor o saunas (no más de tres a la semana) y con envolturas hidroterápicas. Estas presentan un alto poder reactivo y se deben realizar siempre bajo control médico.

El aparato locomotor

A diferencia de los vegetales, el cuerpo humano puede desplazarse de un lugar a otro, también moverse y articular su estructura, coger objetos, desarrollar actividades, etc.

Todo esto es posible gracias al aparato locomotor, un complejo muy notable de piezas, al cual la naturaleza ha destinado un importante acopio de elementos. Así intervienen en él como agentes directos los 206 huesos que tenemos y la totalidad de los músculos, cuyo peso asciende a más del 40 % de nuestro peso total, y, como

elemento impulsor, el cerebro que los mueve a voluntad.

Cuidar estas piezas, no someterlas a un trabajo excesivo o superior al que razonablemente pueden o deben realizar, ayudarlas con unos ejercicios de entrenamiento, posturas adecuadas, accesorios (muebles, calzado) aptos, ayudará positivamente a mantener a pleno rendimiento nuestro aparato locomotor, incluso en épocas avanzadas de la vida, cuando, por razones de edad, nuestra máquina se vaya deteriorando irremediablemente. A este objetivo dedicamos el presente apartado.

El alimento del hueso

Los huesos del esqueleto constituyen el soporte de cientos de músculos que mueven las diferentes partes del cuerpo y, del mismo modo, protegen órganos internos como el corazón y los pulmones. Los nutrientes necesarios para el crecimiento de la estructura ósea y para la regeneración de los tejidos óseos envejecidos son las vitaminas A, C, y D, y el calcio, el fósforo, el magnesio, el flúor y el cobre.

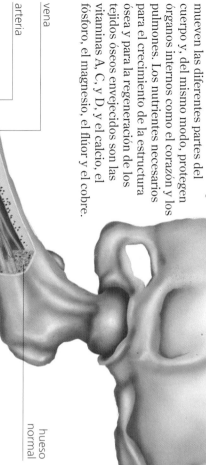

vena

arteria

fémur

NUTRICIÓN
DEL HUESO

corte transversal de
un hueso que ilustra
la complejidad
estructural de sus
unidades

hueso
normal

La **osteoporosis** es una enfermedad que reduce la densidad de los huesos afectados, haciéndolos más frágiles y susceptibles de fractura. Los conductos existentes entre las células óseas se ensanchan y se van formando espacios entre los tejidos de colágeno que constituyen la base ósea, por lo que el hueso afectado se vuelve más ligero y más débil.

El riesgo de padecer osteoporosis se incrementa con la edad: casi todas las personas mayores de 55 años sufren cierta pérdida de masa ósea. Las mujeres son especialmente vulnerables después de la menopausia, cuando los ovarios dejan de producir la hormona femenina, el estrógeno, que influye en la conservación del hueso.

se produce la osteoporosis
cuando dentro del mismo
hueso se van formando
huecos correspondientes
a los puntos donde la
proteína y el calcio han
sido absorbidos antes de
que se haya formado
el mismo tejido óseo

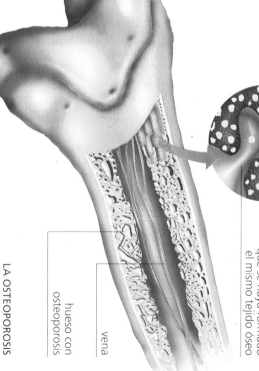

hueso con
osteoporosis

vena

LA OSTEOPOROSIS

✏ A pesar de que las mujeres tienen 2/3 de la fuerza del hombre, su fuerza relativa varía según los diferentes grupos de músculos. Los reflexores del brazo femenino poseen la mitad de la fuerza que los masculinos, pero los flexores y extensores de la cadera son un 80 % tan fuertes como los de los hombres.

✏ Sólo la articulación de la rodilla es tan flexible en el hombre como en la mujer. Por el contrario, el movimiento de la muñeca femenina es 14 % más flexible que la masculina.

45

¿ Sabías que…

…las estrellas marinas servirán para reconstruir huesos?

Según recientes investigaciones, la estrella marina tiene una estructura similar a la del hueso, y su empleo para reconstruir los huesos maxilares constituiría una alternativa natural a los productos químicos. Estas investigaciones con la estrella marina tienen como fin devolver a los huesos maxilares su función y estructura por medios baratos y de origen natural. Una vez perfeccionadas las fómulas, la estrella marina también podría ser utilizada para la preparación de piezas dentales.

El alimento del músculo

Los músculos recubren el esqueleto y, junto con los huesos y las articulaciones, hacen posible el movimiento, pero además realizan numerosas funciones que no están relacionadas con el aparato locomotor, ya que el tejido muscular incluye las venas, las arterias y el corazón.

Los músculos consumen mucha energía cuando se contraen para que nuestro cuerpo pueda realizar la gran variedad de movimientos de que es capaz. Obtienen su alimento básico de una sustancia, la **glucosa**, presente en los cereales, la fruta y numerosos vegetales. Pero los músculos también necesitan otro tipo de alimento, el **oxígeno**, que llega al músculo a través de la circulación sanguínea.

Antes de iniciar un ejercicio, el suministro de oxígeno es bajo, pero adecuado a la demanda. Al comenzar un **ejercicio aeróbico** suave, la demanda de oxígeno se incrementa, y cuando se inicia un **ejercicio anaeróbico** fuerte, se requiere un suministro mayor de oxígeno y se tiene que parar hasta que el pulso y la respiración recuperen su ritmo normal.

EL ALIMENTO
DE LOS MÚSCULOS

trabajo anaeróbico

falta de oxígeno

trabajo aeróbico

suministro de oxígeno

demanda de oxígeno

| descanso | ejercicio suave | ejercicio fuerte | recuperación | descanso |

stop

El cuidado de la espalda

Las 24 vértebras de la columna probablemente son los huesos más problemáticos del esqueleto. A veces se ha comentado que el dolor de espalda es consecuencia de la postura erguida de la especie humana, pero, de hecho,

hace millones de años que el ser humano ha andado sobre los pies, por lo que el cuerpo ya se ha acostumbrado a esa posición.

En realidad no se sabe con seguridad por qué el dolor de espalda es cada vez más frecuente, aunque podría ser una señal de la tensión de la vida diaria. Una **buena postura** es un factor importante para mantener la salud de la espalda. Con frecuencia se piensa que la postura es simplemente la posición del cuerpo cuando se está quieto y atento, pero no es así; es, más bien, la actitud general del cuerpo al realizar cualquier movimiento o al no efectuar ninguno: una buena postura es la que proporciona a cada individuo mayor eficiencia con el menor esfuerzo muscular.

La mejor postura es la que otorga **equilibrio y estabilidad** al cuerpo, es estéticamente bonita y permite a los músculos trabajar cómodamente y en armonía unos con otros, además de ceder espacio a los órganos internos para trabajar.

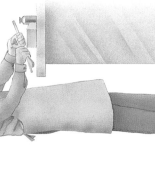

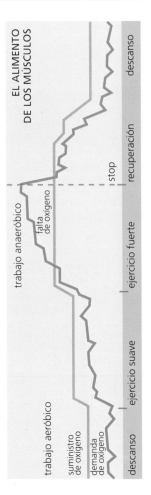

POSTURAS CORRECTAS DEL CUERPO HUMANO EN DIFERENTES ACTIVIDADES

Escoliosis

Uno de los problemas más frecuentes del esqueleto son las deformaciones causadas por posturas incorrectas. Entre éstas son especialmente graves las que afectan a la **columna vertebral**, que presenta curvaturas anormales. La más corriente es la escoliosis, que se produce cuando la columna vertebral se desvía hacia un lado. Puede evitarse procurando sentarse siempre con la espalda recta; si ya se ha producido, se corrige mediante ejercicios gimnásticos especiales.

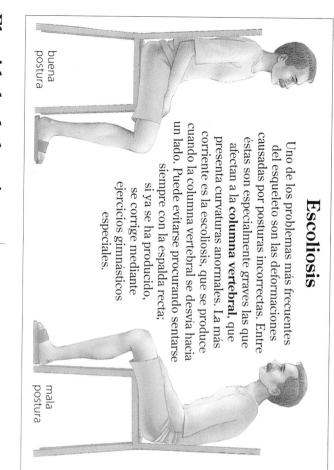

buena postura

mala postura

El cuidado de los pies

Un cuerpo sano debe mucho a los pies, una de sus partes más castigada: se comprimen en zapatos mal diseñados, sofocados por el sudor, las medias o los calcetines y, además, han de realizar su trabajo día tras día.

En realidad, todo lo que necesitan los pies es un poco de libertad, por lo que se han de escoger cuidadosamente los **zapatos** (como mínimo, debe haber 1,5 cm entre el extremo del dedo más largo y el zapato).

Es conveniente cambiarse los zapatos una vez al día; de esta manera, se asegura al menos que los pies no se mantengan aprisionados por las mismas zonas.

Deben lavarse los pies diariamente, y secarse muy bien los dedos. A continuación, es muy relajante espolvorearlos con talco. Además, evidentemente, es muy aconsejable cambiarse a diario los calcetines o medias.

Andar **descalzo** siempre que se pueda es un ejercicio excelente y tonificante para los pies.

En caso de problemas graves en los pies, como el «**pie de atleta**» (producto de los hongos), es necesario consultar al médico.

La piel dura de la planta de los pies la puedes eliminar rascando suavemente con piedra pómez.

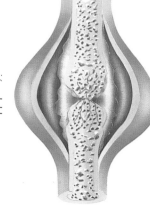

Los pies planos son una malformación caracterizada por la pérdida del arco de la planta del pie. Así, mientras el área de apoyo de un pie normal se distribuye en un 50 % por el talón, un 30 % por el dedo gordo y un 20 % por el meñique, la del pie plano abarca también la planta, dejando una huella muy similar a la de los osos.

Reumatismo

Reumatismo o reuma es el nombre de varias enfermedades de los huesos, los músculos y las articulaciones. Los reumatismos más frecuentes de las articulaciones son la artritis y la artrosis.

La **artritis** consiste en la inflamación de la articulación debido al aumento de líquido sinovial, a causa de un golpe o una infección. El tipo más frecuente en personas mayores de 50 años es la **artritis reumatoidea**; es la inflamación crónica de algunas articulaciones, sobre todo de los dedos de las manos y de los pies, que acaban deformándose.

En la **artrosis** no existe inflamación, sino que el cartílago que recubre los huesos se desgasta de manera progresiva. En cualquier articulación puede haber artrosis, pero es más frecuente en las que realizan un mayor esfuerzo, como la cadera, la rodilla y la columna vertebral, que soportan peso, o como el hombro, el codo y, los dedos, que efectúan los principales movimientos del cuerpo.

La mejor forma de prevenir el desgaste de las articulaciones es hacer ejercicio, cuidar la dieta y evitar, en lo posible, los climas muy húmedos.

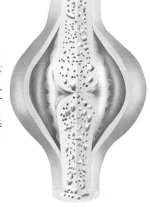

Un estudio realizado sobre antiguos futbolistas británicos indicó que sólo el 3,2 % padecía artritis, frente al 8 % de pacientes ingresados en hospitales que presentaba la enfermedad, con lo que se demostraba que el ejercicio era positivo para las articulaciones.

El cuidado de las articulaciones

Hacer trabajar las articulaciones de un modo eficiente es algo que el cuerpo hace automáticamente. Sin embargo, nosotros podemos colaborar en mantener esta eficacia.

El nombre con el que se conocen los problemas de las articulaciones es el de **artritis**. Durante muchos años se ha creído que el ejercicio podía producir artritis, pero estudios posteriores han demostrado precisamente lo contrario.

El ejercicio puede ser positivo para las articulaciones, quizá porque su **cartílago** se nutre de un fluido que se facilita con el movimiento. Un ejercicio regular, aunque no violento, será bueno para las articulaciones, pero si ya se ha sufrido alguna lesión, es preferible dar tiempo a que sane.

Si se tienen problemas que aparentemente tengan relación con las articulaciones, como dolor, hinchazón, ardor o rojez, es mejor consultar al médico.

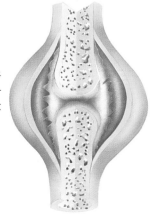

EVOLUCIÓN DE LA ALTERACIÓN DE UNA ARTICULACIÓN

articulación sana

erosión del cartílago

erosión del hueso

Molestias musculares

Cuando existe un buen **tono muscular**, es decir, cuando el músculo está bien alimentado (a base de glucosa y oxígeno aportados por la sangre) y bien entrenado, el músculo realiza normalmente su trabajo, incluso aunque se someta a una actividad física intensa. Pero cuando un músculo desentrenado se ve sometido a un ejercicio físico excesivo, debe fabricar glucosa por sí mismo para hacer frente a la repentina necesidad de energía. Esta producción de glucosa deja unos residuos (ácido láctico), que se acumulan en el músculo y causan las **agujetas**.

Los **calambres musculares** se producen porque un músculo o un grupo de músculos se contraen por sí solos, sin que intervenga para nada la propia voluntad. Se pueden tener calambres en diversas partes del cuerpo, pero los más afectados son los músculos de la pantorrilla, sobre todo cuando se realiza un ejercicio físico intenso y prolongado. Generalmente es suficiente con dar un ligero masaje

sobre la pierna agarrotada para que se relaje el músculo contraído y desaparezca el calambre.

El gráfico muestra la relación entre la fuerza aplicada por un músculo (en su porcentaje máximo) y el tiempo (en minutos) que puede mantenerse. Cuanto mayor sea la fuerza, menor es el suministro de sangre y, por tanto, el tiempo en que la fuerza puede mantenerse. Sin embargo, una fuerza inferior al 20 % del máximo se puede mantener durante varios minutos.

% de fuerza máxima

tiempo (en minutos)

Reflejos musculares

Los reflejos musculares permiten detectar anomalías del sistema nervioso. El médico se limita a dar unos golpecitos con el martillo de goma o con el canto de una mano en la rodilla. Al golpear en los tendones o en un músculo, se produce un estiramiento brusco del músculo: es lo que se llama **contracción refleja**. Para provocar este reflejo, no es necesaria la intervención del cerebro, ya que la orden va directamente desde la médula espinal al tendón, y de este al músculo.
La comprobación de los reflejos musculares es muy útil para determinar el estado del sistema nervioso. Si este sufre alguna alteración, la contracción del músculo puede disminuir o incluso quedar anulada.

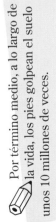

Por término medio, a lo largo de la vida, los pies golpean el suelo unos 10 millones de veces.

Fracturas

Los huesos se unen unos a otros para formar un sólido esqueleto que protege órganos delicados de nuestro cuerpo y sostiene gran parte del peso corporal. Suelen ser **resistentes, flexibles y duros**, pero también **frágiles**.
El esqueleto está preparado para saltar, correr y practicar cualquier tipo de deporte sin que, por regla general, se produzca fractura alguna. Sin embargo, es conveniente evitar en lo posible los movimientos bruscos y violentos.
Un ejercicio en apariencia tan simple como, por ejemplo, saltar desde una pequeña altura, puede causar una fractura en las vértebras de la columna si se cae bruscamente sobre los talones. Al saltar se deben flexionar las piernas y caer sobre las puntas de los pies.

Enfermedades de los músculos

Los músculos, en ocasiones, son proclives a padecer ciertas enfermedades según el esfuerzo al que los sometamos y el cuidado que les dediquemos. La miositis y la miastenia son dos ejemplos de ello.
La **miositis** consiste en una inflamación del músculo, ocasionada normalmente por un golpe violento. Los jugadores de fútbol o de otros deportes en los que sea fácil recibir patadas en las piernas pueden sufrir esta enfermedad. La miositis provoca un dolor muy intenso cuando se mueve la extremidad dañada.
La **miastenia** es un trastorno grave de los músculos, aunque afortunadamente es poco frecuente. Consiste en una debilidad muscular que lleva a la progresiva pérdida de su fuerza de contracción.

Tortícolis

La tortícolis aparece cuando se ha sometido la zona del cuello a una **tensión** continuada durante mucho tiempo, y resulta muy molesta, pues prácticamente impide girar la cabeza.
Cuando se permanece sentado en una postura correcta (la espalda erguida y los glúteos bien asentados en la silla), el principal esfuerzo lo realizan los músculos de la espalda y los glúteos, pero si de forma habitual nos sentamos en una postura incorrecta (cuello y espalda excesivamente inclinados), el esfuerzo se traslada a dos músculos del cuello: el trapecio y el mastoideo.
Debido al esfuerzo extra al que están sometidos, estos dos músculos se contraen, se agarrotan y producen dolor cuando se intenta girar la cabeza.

Plantas que curan

ARNICA
(*Arnica montana*)

L
a **árnica** (*Arnica montana*) es una planta que se encuentra sobre todo en las montañas, a partir de los 800 m y hasta los 2 500 m de altura. Sólo crece en un suelo no calcáreo y en un clima frío y húmedo, por lo que resulta extremadamente difícil de cultivar.
Su principio activo, la arnicina, se halla en las flores en un 4 % y en el rizoma.
El principal campo de aplicación del árnica es el tratamiento externo de contusiones, distensión de tendones y músculos, magulladuras, hematomas, hinchazones y fractura de huesos. La rapidez con la que la tintura de árnica, diluida correctamente, llega a curar semejantes heridas es considerable.
Esta tintura, que se adquiere en las farmacias, contiene un 60-80 % de alcohol. Se desaconseja totalmente la recolección de sus flores, ya que es una planta que está protegida oficialmente.
En uso interno, la árnica estimula el sistema circulatorio y la vasodilatación, pero sólo debe emplearse bajo prescripción facultativa, ya que es **tóxica** si se excede de las dosis indicadas.

Esguinces y luxaciones

El **esguince** es una lesión de los ligamentos que mantienen unidos los huesos en la articulación. La causa suele ser un movimiento brusco, que estira en exceso los ligamentos y, como consecuencia, estos se desgarran o se rompen.

Si el esguince es leve, sólo se desgarran parcialmente los ligamentos, pero cuando la rotura del ligamento es total, la lesión es mucho más grave. Los esguinces son muy dolorosos, sobre todo instantes después de haber sufrido la lesión. La zona próxima a la articulación suele hincharse y, si se toca, se siente un intenso dolor. Los esguinces más frecuentes en muchos deportes se producen en la muñeca, la rodilla o el tobillo. Por ello, muchos deportistas se protegen con muñequeras, tobilleras, etc.

La **luxación** es un desplazamiento de los huesos de la posición normal en que se encuentran en la articulación. Se conoce también con el nombre de **dislocación**, y las causas suelen ser golpes y caídas. Las luxaciones o dislocaciones más frecuentes son las de hombro, codo y cadera.

En caso de sufrir una lesión leve en los tejidos blandos (músculos, ligamentos o tendones), primero se ha de dejar descansar la zona lesionada (1); luego se aplica una bolsa de hielo durante 10 minutos y cada tres horas, ya que el frío alivia el dolor y reduce la hinchazón (2). Más tarde hay que proceder a aplicar un vendaje elástico (3) que cubra perfectamente la zona lesionada, y colocar ésta en posición elevada (en un plano superior al del corazón) para reducir la hemorragia y la hinchazón (4).

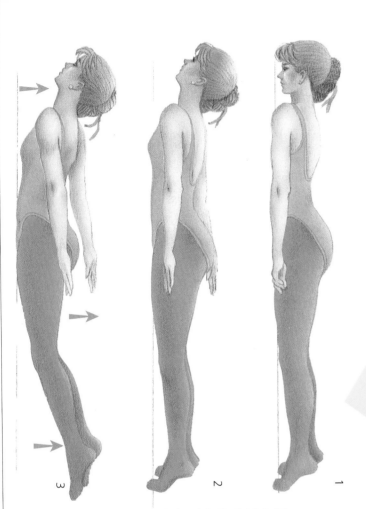

3

2

1

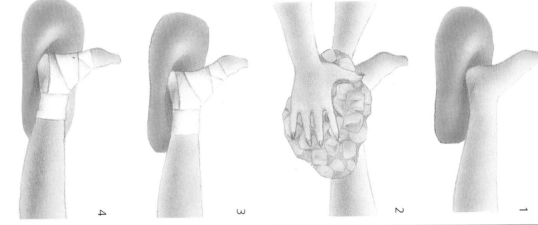

1

2

3

4

La fuerza del brazo y del hombro alcanza su rendimiento máximo entre los 30 y los 40 años de edad, se mantiene regular hasta los 60 y disminuye pronunciadamente a partir de los 65 años.

Ejercicios para ganar fuerza

El cuerpo posee cientos de músculos y resulta muy fácil fortalecerlos. Estos ejercicios se dividen en dos grupos: los dinámicos, en los que el músculo cambia su longitud, y los isométricos, mediante los cuales el músculo se contrae sin alterar su longitud.

Los **ejercicios dinámicos** pueden ser **isotónicos**, si la tensión muscular permanece constante, o **isoquinéticos**, cuando se emplea un equipo especial para variar la resistencia mecánica del movimiento, de modo que cambia la tensión del músculo al adoptar diferentes posturas.

La forma más segura y eficaz de practicar un ejercicio dinámico consiste en repetir un determinado movimiento de fuerza. Siempre debe iniciarse bajo el control de algún instructor, que recomendará los movimientos convenientes para grupos musculares específicos y vigilará los movimientos para evitar lesiones.

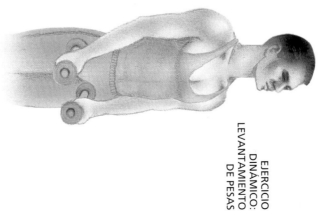

EJERCICIO
DINÁMICO:
LEVANTAMIENTO
DE PESAS

Los **ejercicios isométricos** son los ejercicios de contracción que no alteran la longitud del músculo. Al realizarlos, una parte del cuerpo resiste el movimiento de otra, ya que se aprovecha la fuerza de la gravedad. Un buen ejercicio isométrico consiste en acostarse boca abajo con los brazos estirados a los lados (1); entonces, se levanta la cabeza y los brazos (2), y a continuación, se levantan los pies (3). Es preciso mantener esta posición durante unos segundos, descansar y repetir el ejercicio.

Ejercicios de flexibilidad

Como forma de ejercicio físico, este es el más fácil y seguro, ya que ayuda a mantenerse ágil y a mejorar la flexibilidad de diferentes partes del cuerpo. Con objeto de conseguir un resultado óptimo, se debe practicar una amplia gama de ejercicios distintos y, además, con regularidad, pues la clave de un cuerpo flexible y en forma está en la **frecuencia**, no en la intensidad. Los músculos más importantes son los de los hombros, el pecho, la parte baja de la espalda, el abdomen, los muslos y las pantorrillas.

Estos ejercicios aumentan la **capacidad** para ejecutar cualquier tipo de deporte en el que la flexibilidad constituya un factor importante. Además, una mayor flexibilidad representa un menor riesgo de lesiones durante la práctica deportiva.

● *Flexibilidad de los hombros:* de pie, con las piernas separadas, levanta un brazo sobre tu cabeza y estira el otro hacia abajo. Inclínate hacia el lado cuyo brazo se mantenga hacia abajo. Después de algunas repeticiones, realiza el ejercicio hacia el otro lado.

● *Flexibilidad abdominal:* arrodillado, con el cuerpo erguido e inclinado lentamente hacia atrás, arquea la espalda manteniendo las rodillas en ángulo recto.

● *Flexibilidad de los pectorales:* estando de pie, levanta ambos brazos por encima de la cabeza, juntando las manos y estirando los codos. Arquea hacia atrás la parte inferior de la espalda.

● *Flexibilidad de la corva:* sentado en el suelo, con las piernas estiradas y los pies juntos, inclínate hacia delante tratando de tocar las puntas de los pies.

Prepara el cuerpo para el ejercicio

Incluso las personas en óptimas condiciones físicas corren el riesgo de lesionarse si no se permite a los músculos volver a su condición de descanso, se pueden sufrir dolores musculares o una posterior rigidez; muchos principiantes padecen estas molestias después de haber practicado ejercicios demasiado duros durante un tiempo prolongado. En muchos casos, estos dolores tienen su origen en un calentamiento incompleto e incorrecto. La mejor forma de asegurar el **precalentamiento** consiste en practicar algunos movimientos aeróbicos, los cuales deben realizarse, por lo menos, durante un período de 10 minutos antes de iniciar la actividad física intensa. También el masaje es una buena forma de precalentamiento, ya que estimula la circulación sanguínea de los músculos. No obstante, el masaje debe concluir con una serie de ejercicios que supongan movimientos musculares.

Incluso las personas en óptimas condiciones físicas corren el riesgo de lesionarse si tensan o contraen sus músculos repentinamente. Lo mismo sucede al finalizar el ejercicio:

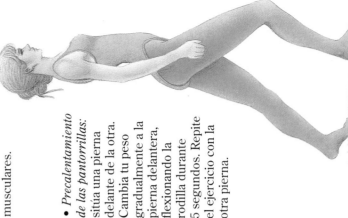

● *Precalentamiento de las pantorrillas:* sitúa una pierna delante de la otra. Cambia tu peso gradualmente a la pierna delantera, flexionando la rodilla durante 5 segundos. Repite el ejercicio con la otra pierna.

- *Precalentamiento de hombros y brazos:* describe grandes círculos con los brazos estirados. Efectúa 5 rotaciones hacia delante y otras 5 hacia atrás.

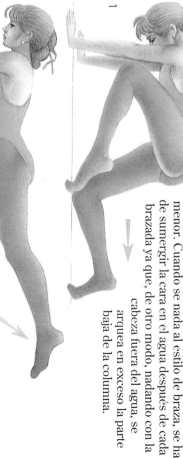

- *Relajación de los aductores:* colócate de rodillas, con los pies planos sobre el suelo, y efectúa varias repeticiones subiendo y bajando la cadera.

✏️ El 80 % de las lesiones sufridas durante la práctica deportiva afectan a los tejidos blandos (músculos, tendones, ligamentos y articulaciones), mientras que las fracturas o daños a órganos internos sólo alcanzan un 20 %.

El exceso de entrenamiento

No es necesario ni conveniente que, cada vez que se entrene, se trate de llegar al límite de la propia resistencia física. Una actividad física moderada es lo que se necesita para mantenerse en forma. Sin embargo, hay personas tan obsesionadas con el deporte que lo practican casi a todas horas, y este exceso puede llegar a perjudicar el propio organismo. Incluso los atletas profesionales no llegan a un

nivel máximo de entrenamiento diario y normalmente descansan o practican ejercicio en días alternos.

Un exceso de entrenamiento ocurre cuando el organismo carece del tiempo suficiente para **recuperarse** tras la práctica del ejercicio, y si los músculos permanecen tensos y rígidos del esfuerzo anterior. Normalmente, el tiempo de recuperación para los músculos forzados al máximo es de 48 horas. Esta regla es válida para todas las personas, sin importar su condición física.

Ejercicio para los dolores de espalda

Se sabe que el ejercicio físico ayuda a aliviar los dolores de espalda. Sin embargo, antes de iniciar cualquier programa de actividades, es conveniente consultar al médico sobre las causas de los dolores, ya que algunos ejercicios podrían empeorar la situación.

La **natación** es un ejercicio excelente para cualquiera que sufra un dolor crónico de espalda porque fortalece los músculos abdominales y de la espalda. El agua reduce la gravedad del cuerpo, por lo que el esfuerzo requerido es menor. Cuando se nada al estilo de braza, se ha de sumergir la cara en el agua después de cada brazada ya que, de otro modo, nadando con la cabeza fuera del agua, se arquea en exceso la parte baja de la columna.

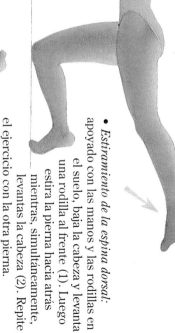

1

- *Estiramiento de la espina dorsal:* apoyado con las manos y las rodillas en el suelo, baja la cabeza y levanta una rodilla al frente (1). Luego estira la pierna hacia atrás mientras, simultáneamente, levantas la cabeza (2). Repite el ejercicio con la otra pierna.

2

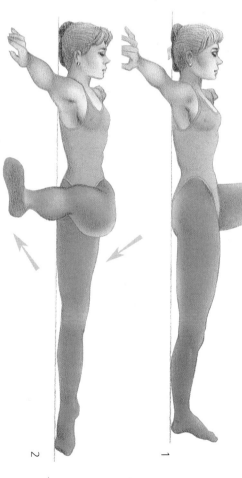

1

- *Flexibilidad de la espina dorsal:* tendido de espaldas, con los brazos en cruz, levanta una pierna estirada (1). A continuación, gírala y colócala en el suelo, cruzándola sobre la otra (2). Llega con la pierna hasta donde puedas, pero no muevas los hombros. Repite el movimiento con la otra pierna.

2

Equipo deportivo adecuado

Desde el primer momento en que se inician las actividades deportivas, la indumentaria posee una importancia extrema. La **ropa** debe ser cómoda, adecuada, de la talla justa y una verdadera protección contra la intemperie. Por ejemplo, si se utiliza ropa interior demasiado ajustada, se pueden sufrir rozaduras o perjudicar la circulación sanguínea.

El equipo puede proteger cualquier parte del cuerpo de un posible accidente, de colisiones con los propios compañeros o contrincantes, o de las caídas. Las chicas deberían comprarse sujetadores especiales para practicar deporte.

En un clima frío, varias capas de ropa fina proporcionan mayor protección que una sola pieza de material grueso. Utilizar gorro ayuda a disminuir la pérdida de calor corporal. Después del ejercicio se ha de evitar coger frío quitándose la ropa que se haya podido mojar con la transpiración.

Si hace calor es preferible utilizar ropa de algodón, ya que facilita la absorción y la evaporación del sudor, y de color claro porque refleja los rayos solares.

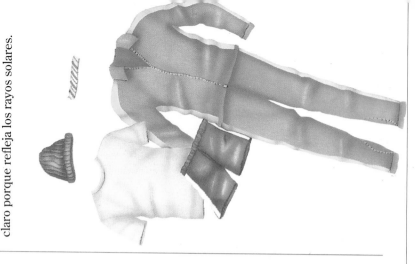

Vendajes

Es conveniente tener algunos conocimientos de primeros auxilios para poder desenvolverse ante una situación difícil, una enfermedad grave o un accidente. El traslado de una persona herida o enferma al hospital más cercano puede revestir una importancia vital, y practicar un buen vendaje puede resultar decisivo en determinados momentos.

El **cabestrillo triangular** sujeta la mano y el antebrazo en una posición elevada. Está recomendado en caso de lesión en la mano, fractura de costillas o, simplemente, un mal gesto.

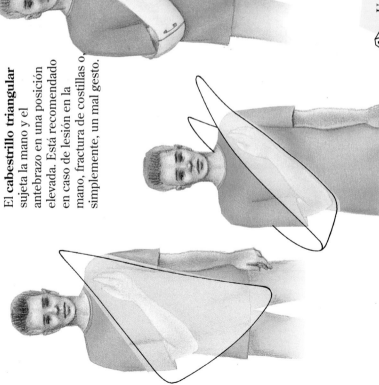

En las fracturas, la primera regla es evitar al máximo los movimientos. Si se trata de trasladar a una persona con una fractura, hay que **inmovilizarle** la parte afectada y nunca intentar poner el hueso en su sitio. También se deben comprobar los vendajes cada 30 minutos y aflojarlos en caso de observar una hinchazón del miembro roto, mientras acude el especialista o se traslada a la víctima a un centro hospitalario.

Un reciente estudio llevado a cabo entre 500 niños en edad escolar reveló que casi 2/3 partes no practicaba actividad deportiva alguna fuera del horario escolar, lo que conllevará futuros problemas de salud.

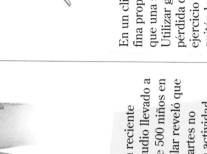

El puente de los pies es fuerte y elástico a la vez, y puede llegar a soportar hasta 200 kg de peso.

Calzado adecuado

Los zapatos que no se ajustan perfectamente al pie, que no lo sujetan adecuadamente y que no lo protegen, causan lesiones a los músculos y a los tendones de las piernas, e incluso a la espalda. El calzado que aprieta produce ampollas en los pies y perjudica las uñas; el que no proporciona un apoyo adecuado, daña el tobillo; y el que carece de acolchado, provoca dolores de espalda o lesiones en las articulaciones. Las diferentes formas de movimiento del pie requieren unos zapatos con distintos requisitos. Por ejemplo, aquellos que se utilizan para **caminar** o **correr** deben poseer una mayor altura

en la parte del talón, una punta flexible, un amortiguador de golpes y una suela áspera para correr. Se deben evitar los talones aplanados que puedan causar torceduras. En cambio, los **zapatos de tenis** necesitan estar dotados de un buen apoyo en la parte frontal del pie y estar fabricados a base de un buen material amortiguador en la zona interior delantera. Se han de evitar aquellos que tengan el talón elevado. El calzado adecuado para practicar **actividades aeróbicas** necesita un mayor acolchado (cámara de aire) y apoyo en los tobillos, pero ha de ser más bajo en la mitad posterior con objeto de evitar presión sobre el tendón de Aquiles.

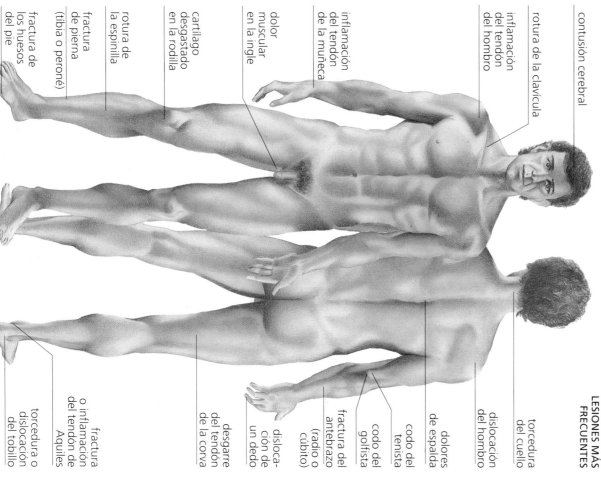

contusión cerebral

rotura de la clavícula

inflamación del tendón del hombro

dolor muscular en la ingle

inflamación del tendón de la muñeca

rotura de la espinilla

fractura de pierna (tibia o peroné)

fractura de los huesos del pie

torcedura del cuello

dislocación del hombro

dolores de espalda

codo del tenista

codo del golfista

fractura del antebrazo (radio o cúbito)

disloca- ción de un dedo

desgarre del tendón de la corva

fractura o inflamación del tendón de Aquiles

torcedura o dislocación del tobillo

LESIONES MÁS FRECUENTES

Durante la práctica de cualquier actividad deportiva se pueden sufrir accidentes, pero muchos de ellos se pueden evitar tomando unas determinadas medidas de precaución antes de empezar o siguiendo unas reglas de seguridad.

Un aspecto fundamental del ejercicio seguro es el de saber reconocer los **síntomas de alarma** que avisan sobre el esfuerzo excesivo al que se está sometiendo el corazón. Si se siente algún síntoma como dolor de corazón, de pecho u opresión; dolor de cuello, en la mandíbula o en los brazos; palpitaciones, náuseas, falta de aliento o mareos, es mejor consultar al médico. Observando los síntomas del cuerpo se reduce el riesgo de agravar un posible trastorno cardiaco.

Si se ha sufrido alguna **lesión** y esta todavía duele y se encuentra inflamada, hay que someterse a tratamiento médico antes de volver a iniciar la actividad física normal. Si se empieza demasiado pronto, la lesión se agravará.

Es muy importante utilizar un **calzado adecuado** para evitar lesiones en pies y piernas. Se han de comprar zapatillas de la talla necesaria, acolchadas y que estén especialmente diseñadas para la actividad deportiva que se vaya a practicar.

Medidas de precaución ante el ejercicio

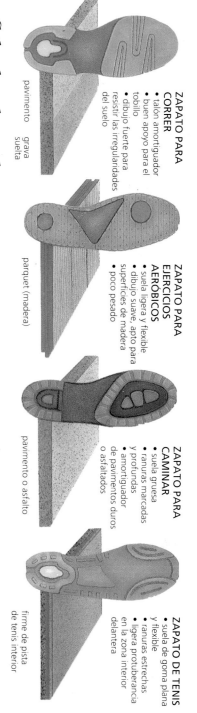

ZAPATO PARA CORRER
- talón amortiguador
- buen apoyo para el tobillo
- dibujo fuerte para resistir las irregularidades del suelo

pavimento
grava suelta

ZAPATO PARA EJERCICIOS AERÓBICOS
- suela ligera y flexible
- dibujo suave, apto para superficies de madera
- poco pesado

parquet (madera)

ZAPATO PARA CAMINAR
- suela gruesa
- ranuras marcadas y profundas
- amortiguador de pavimentos duros o asfaltados

pavimento o asfalto

ZAPATO DE TENIS
- suela de goma plana y flexible
- ranuras estrechas
- ligera protuberancia en la zona interior delantera

firme de pista de tenis interior

El sistema nervioso

U na enorme cantidad de sensaciones, percepciones y movimientos se producen de forma constante en nuestro cuerpo. A través de ellos captamos situaciones externas (frío, calor), anomalías del propio organismo (dolor), o impulsos (hablar, caminar).
Todo esto se organiza por medio de una red de nervios que abarca todo el organismo hasta sus más ínfimos rincones. Constituye una especie de sistema de información o espionaje, a través del cual cualquier situación es captada y enviada inmediatamente al

formidable centro informático que constituye el cerebro, donde se captan todos los mensajes recibidos, se procesan los datos y se toman las medidas o decisiones pertinentes (si se siente frío, necesidad de abrigarse; si se capta dolor en un dedo, mirar qué sucede y curarlo; si algo huele a quemado, buscar la causa para resolver el problema).
Un mecanismo a través del cual organizamos la defensa y cuidado frente a los agentes o enemigos tanto internos como externos. Uno de los puntos vitales a cuyo cuidado es preciso poner la mayor atención.

El sueño, una necesidad

Todos los seres humanos necesitamos dormir para recuperarnos del gasto de energía que realizamos durante el día. Al dormir, los músculos voluntarios «descansan» y algunos involuntarios, como los respiratorios, funcionan a un ritmo más bajo. Sin embargo, continúa la actividad cerebral porque todos soñamos. Los sueños nos ayudan a eliminar tensiones y contribuyen a nuestro bienestar general. En cambio, la persona que duerme bajo los efectos del alcohol o las drogas no sueña: dormir sin soñar durante un largo periodo puede ser perjudicial, y en ese caso se suelen producir cambios de humor, irascibilidad y depresiones.
Según la fase del sueño, éste es diferente. En las primeras horas, se suele soñar con los acontecimientos más recientes, mientras que en el último tercio del sueño, a primera hora de la mañana, aflora más el pasado y el inconsciente.
No todas las personas necesitan dormir la misma cantidad de horas, aunque la media son ocho horas de sueño nocturno en un adulto.

HORAS DE SUEÑO SEGÚN LA EDAD

Recién nacido	18-20 horas
Hasta 3 años	15 horas
Hasta la adolescencia	10-12 horas
Edad adulta	8 horas
Vejez	5-6 horas

Causas del insomnio

Una persona padece insomnio cuando le cuesta quedarse dormida, se despierta con frecuencia o permanece despierta durante un período prolongado. Dormir poco no es lo mismo que tener insomnio: algunas personas sólo necesitan dormir cinco horas, pero en este caso no sufren insomnio.
Las causas del insomnio son muy diversas. Pueden provocar insomnio las preocupaciones, el estrés, el consumo excesivo de **té** o **café** (son sustancias estimulantes), dejar de ingerir tranquilizantes si se tomaban habitualmente con anterioridad, beber alcohol, viajar a una zona con un horario diferente, etc. A veces, el insomnio es el síntoma de algunas enfermedades psíquicas como la depresión o la ansiedad.

ALGUNOS CAUSANTES DEL INSOMNIO

ESTRÉS

CONSUMO DE ALCOHOL

CONSUMO DE CAFÉ O TÉ

Cómo luchar contra el insomnio

Uno de los fármacos recetados con más frecuencia en los países occidentales son las **pastillas para dormir**. Su consumo crea adicción y puede provocar efectos secundarios durante el día, como falta de concentración. Si tienes insomnio, antes de acudir al médico para que te recete un medicamento de estas características, intenta combatirlo con alguno de estos remedios «naturales»:

- Consume menos té, café y alcohol.
- No cenes en abundancia y toma leche caliente antes de irte a la cama.
- Practica algún ejercicio físico durante el día.
- Mantén la temperatura de tu habitación no muy elevada ni muy baja, y duerme sobre un colchón cómodo.
- Si te molesta el ruido exterior, utiliza tapones para los oídos.
- Levántate siempre a la misma hora y evita la siesta del mediodía.

CÓMO FUNCIONA LA SENSACIÓN DE DOLOR

nervio sensitivo

estímulo doloroso

receptor nervioso

zona de sensación dolorosa

médula espinal

vía sensitiva

nervio sensitivo

El dolor, un aviso del sistema nervioso

El dolor es una **señal de alarma** o un aviso de nuestro organismo que nos indica, de esta forma, que algo no funciona bien. La **sensibilidad** al dolor no es igual en todo el cuerpo. Por ejemplo, la piel es mucho más sensible al dolor que el hígado porque la sensibilidad al dolor está más relacionada con los nervios sensoriales o sensitivos del sistema nervioso cerebroespinal y no tanto con los nervios del sistema autónomo o vegetativo, que es el encargado de regular la actividad interna del organismo.

El dolor está tan relacionado con **todo** el sistema nervioso que, en algunas circunstancias, las emociones intensas pueden provocar el desvío de la atención consciente de los estímulos dolorosos. Ello sucede, por ejemplo, tras un accidente de tráfico, cuando empieza a sentirse dolor tras superar la sorpresa o el miedo iniciales.

Los accidentes de tráfico pueden dañar la médula espinal

Cuando la médula espinal se lesiona, se puede producir una **parálisis** o pérdida del movimiento de una parte o de la totalidad del cuerpo. La médula espinal está situada en el interior de la columna vertebral y de ella salen todos los nervios del sistema nervioso periférico, que son los encargados de transmitir los impulsos nerviosos. Los **accidentes de tráfico** son una de las causas más frecuentes de lesión en la médula espinal, en especial cuando el cuello sufre una torsión muy violenta por un choque o un frenazo brusco. Algunos de los nervios de esta parte de la médula pueden resultar seriamente dañados. En cualquier caso, siempre que vayas en el interior de un vehículo, abróchate el cinturón de seguridad, incluso si te sientas en la parte trasera.

TIPOS DE PARÁLISIS SEGÚN SU DISTRIBUCIÓN

Monoplejía	Se afecta sólo a una extremidad.
Hemiplejía	Se afectan las extremidades de un solo lado o medio cuerpo.
Paraplejía	Se afectan las extremidades superiores o inferiores.
Tetraplejía o cuadriplejía	Se afectan las cuatro extremidades.
Prosoplejía	Se afectan los músculos de la cara.

La polio, una enfermedad infecciosa

La poliomielitis o polio es una enfermedad infecciosa, originada por un virus, que afecta a los **nervios motores**, es decir, aquellos que se encargan de llevar los impulsos nerviosos del movimiento a los músculos. Esta enfermedad puede provocar la parálisis de algunos músculos, sobre todo los de las piernas. La poliomielitis es muy contagiosa y se propaga más fácilmente cuando existen deficientes condiciones higiénicas.

Esta enfermedad llegó a ser muy común entre los niños, pero en la mayoría de países desarrollados se ha reducido su incidencia gracias a la **vacunación preventiva**, que se efectúa por vía oral aproximadamente a los 3, 5 y 7 meses de edad, más una revacunación a los 4 o 6 años.

¿Sabías que... ...se puede dormir con los ojos abiertos?

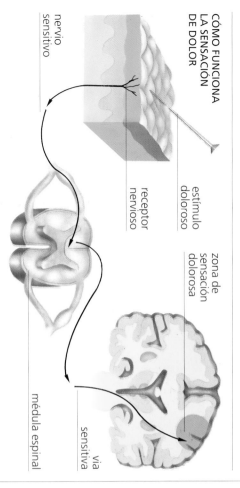

Hay muchos animales, como la mayoría de las especies de peces, que duermen con los ojos abiertos (al tiempo que nadan), aunque su actividad cerebral desciende considerablemente. En ocasiones, las personas tampoco cierran los ojos para soñar, lo que evidentemente no es muy común en el género humano. Algunas personas no cierran los ojos porque, sencillamente, no pueden; ello sucede, por ejemplo, cuando se han sufrido quemaduras en los párpados o estos tienen cicatrices retráctiles que impiden cerrarlos.

Durante el sueño, la actividad cerebral es muy baja, por lo que las señales que llegan al cerebro a través de los ojos y de los oídos sólo nos despiertan si son muy intensas. Ello explica que una persona extremadamente cansada se quede dormida con los ojos abiertos y no se despierte.

Una persona de 60 años se ha pasado 20 años durmiendo, y de estos, cinco años soñando.

El común dolor de cabeza

Una de las dolencias más frecuentes es el dolor de cabeza, denominado también **cefalea o cefalalgia.** Las causas que provocan el dolor de cabeza pueden ser muy diversas; por ejemplo, te puede doler la cabeza por una excesiva tensión en el trabajo o en los estudios, o bien si fuerzas demasiado la vista.

Para curar el dolor de cabeza común basta, en la mayoría de los casos, con hacer un poco de reposo, dormir un rato, y si esto no es suficiente, ingerir un analgésico. Los dolores de cabeza muy frecuentes pueden ser síntoma de una enfermedad grave, como es el caso de la meningitis. La **meningitis** es una enfermedad que afecta en especial a los niños y que consiste en una infección de las meninges, las membranas que rodean y protegen el cerebro y la médula espinal; es especialmente grave si existe una infección causada por virus o bacterias.

La molesta migraña

La migraña o **jaqueca** se caracteriza por dolores de cabeza muy frecuentes y de gran intensidad; en realidad se trata de una enfermedad neurológica de carácter leve, pero muy molesta para la persona que la sufre.

Los primeros síntomas son pequeños trastornos oculares (se ven puntos luminosos o manchas oscuras) a causa de una contracción de las arterias (vasoconstricción). A continuación, las arterias se dilatan y aparece el dolor, inicialmente en un solo lado de la cabeza, que se puede extender y alcanzar la totalidad del cráneo. La migraña provoca una sensación de latidos intracraneales y suele ir acompañada, en casos más graves, por náuseas o vómitos. Una vez pasado el dolor, la migraña no deja secuela alguna, pero el ataque se puede repetir en cualquier momento y sin causa aparente.

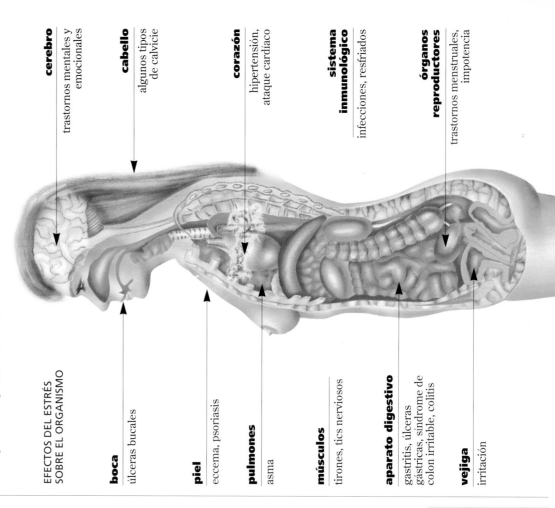

El cerebro del gran físico alemán Albert Einstein tenía mayor cantidad de glías (unas células del cerebro) que el resto de las personas. Quizá debamos a estas células la teoría de la relatividad formulada por el científico.

El estrés, un problema en alza

El estrés o tensión emocional es un problema cada vez más común. Múltiples situaciones de la vida cotidiana –el trabajo, los estudios, las relaciones personales, etc.– pueden provocar estrés, ya que nuestro sistema nervioso, al igual que el cuerpo, también tiene un límite.

Si en época de exámenes, por ejemplo, te cuesta dormir, el trabajo no te cunde y te sientes triste, es que presentas algunos de los síntomas característicos del estrés. Esta es una situación perjudicial para tu salud, ya que el estrés suele provocar insomnio, dolores de espalda y cuello, e incluso dolencias del corazón.

Para evitar que el estrés afecte tu bienestar, practica regularmente algún ejercicio físico porque la fatiga muscular ayuda a disminuir la tensión nerviosa. Organízate para que el trabajo no se te acumule y no intentes realizarlo todo a la vez. Duerme un mínimo de ocho horas y relájate antes de ir a la cama. Debes distraerte, cuidar tus relaciones sociales y descansar un poco después de una intensa actividad. Ten en cuenta que ocho horas de sueño no son suficientes para descansar de una jornada de trabajo o estudio muy dura. Te puede ayudar también practicar métodos de relajación, como el yoga.

El más famoso de los médicos de la antigüedad, Hipócrates, creía que el alma podía construir imágenes de enfermedades en sueños: de esta manera, si un paciente soñaba con pozos o manantiales, para el médico esto era un síntoma de posibles trastornos del riñón o de la vejiga.

¿A qué partes de nuestro cuerpo afecta el estrés?

El exceso de estrés puede ser perjudicial para nuestra salud física y mental, ya que se ha comprobado que está directamente relacionado con diversas enfermedades. Además, las personas sometidas a situaciones constantes de estrés son más susceptibles de padecer diferentes trastornos.

EFECTOS DEL ESTRÉS SOBRE EL ORGANISMO

cerebro
trastornos mentales y emocionales

cabello
algunos tipos de calvicie

corazón
hipertensión, ataque cardiaco

sistema inmunológico
infecciones, resfriados

órganos reproductores
trastornos menstruales, impotencia

boca
úlceras bucales

piel
eccema, psoriasis

pulmones
asma

músculos
tirones, tics nerviosos

aparato digestivo
gastritis, úlceras gástricas, síndrome de colon irritable, colitis

vejiga
irritación

El trabajo, fuente de estrés

El trabajo es una de las causas más comunes de estrés, e incluso se considera que el estrés laboral es uno de los que provocan mayor número de enfermedades. Numerosos factores pueden generar estrés en el trabajo: un excesivo número de horas, un empleo insatisfactorio y alejado de nuestros deseos, la angustia por la posible pérdida del lugar de trabajo, las hostilidades con los compañeros, los conflictos de lealtad, el trato con el público, condiciones laborales deficientes, etc.

El **acoso sexual**, al estar relacionado a menudo con cuestiones de jerarquía dentro de la empresa, puede generar situaciones de angustia e indefensión. Un cardiólogo británico demostró, mediante la **curva de función humana**, cómo el rendimiento aumenta con la tensión y, posteriormente, baja si seguimos insistiendo pese a sentir el cansancio. Si el proceso continúa, se puede generar un trastorno o llegar incluso a una situación de colapso.

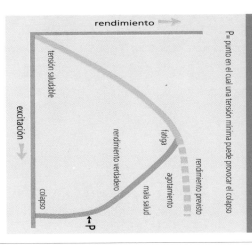

CURVA DE LA FUNCIÓN HUMANA

P = punto en el cual una tensión mínima puede provocar el colapso

rendimiento

tensión saludable

excitación

fatiga

agotamiento

mala salud

rendimiento verdadero

rendimiento previsto

colapso

P

El efecto placebo

La mejor demostración de que el estado mental puede influir sobre la salud la constituye el denominado «efecto placebo». El placebo es un preparado farmacéutico desprovisto de principios activos (por ejemplo, una tableta que contiene azúcar) que se emplea para complacer a un enfermo o para estudiar estadísticamente la acción de un determinado medicamento: a un grupo de enfermos se le administra el fármaco, y al otro, el placebo, sin que los mismos lo sepan. De esta manera se ha comprobado que, en un 40 % de los casos, el simple hecho de creer que la tableta produce algún efecto es suficiente para eliminar los dolores, la ansiedad u otros síntomas.

Los trastornos de la personalidad

La mente humana es todavía una gran desconocida y, en consecuencia, el origen de muchos trastornos mentales o de la personalidad es poco conocido. Los tratamientos para combatirlos, en muchos casos, no llegan a ser completamente efectivos a pesar de los avances realizados por la psiquiatría y la psicología, las dos modernas ciencias que investigan este campo.

Estos son algunos de los trastornos de la personalidad:

• *Depresión:* la depresión puede ser exógena o endógena. La depresión **exógena** está causada por un hecho concreto, como la muerte de un familiar o la pérdida del empleo, mientras que la **endógena** no la provocan factores externos, sino biológicos (herencia, funcionamiento hormonal, etc.). La persona deprimida está triste y pierde la ilusión por el trabajo, los estudios, la familia y, en definitiva, por vivir. El tratamiento es prolongado y se basa en psicoterapia y medicación. En casos extremos, el paciente tiene que ser ingresado en un centro hospitalario.

• *Esquizofrenia:* es una de las enfermedades mentales más graves y complejas. El esquizofrénico vive en su mundo, completamente ajeno a la realidad; su propio cuerpo le causa extrañeza y llega a una total pérdida de identidad. Tiene alucinaciones auditivas y cree oír voces que le amenazan o insultan. La causa que desencadena la esquizofrenia todavía no se conoce con exactitud, por lo que su tratamiento es difícil y su evolución, impredecible.

• *Fobia:* es un miedo exagerado, por ejemplo, a espacios cerrados (**claustrofobia**), a la altura (**acrofobia**), a los espacios abiertos (**agorafobia**), a las arañas (**aracnofobia**), etc.

• *Neurosis:* son aquellos trastornos mentales que no provocan la pérdida de la noción de realidad. Su origen es psicológico y las personas neuróticas desarrollan síntomas de ansiedad, desánimo, fatiga e irritabilidad.

• *Psicosis:* es todo lo contrario a la neurosis, ya que el enfermo pierde el sentido de la realidad. Existen psicosis **orgánicas**, producidas por una enfermedad física que ha afectado la corteza cerebral (por ejemplo, la enfermedad de Alzheimer o un tumor) y **funcionales**, cuyo origen no está tan claro.

Cómo medir tus reflejos

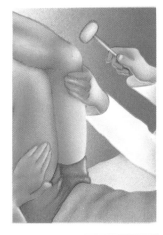

Un golpe realizado con un martillo de goma sobre un tendón origina la contracción automática del músculo correspondiente. Este sistema es el que emplean los médicos para averiguar si existen daños en el tejido nervioso de la médula espinal (no se produce reflejo) o se ha originado algún deterioro cerebral (la respuesta refleja es violenta y exagerada).

Tú mismo puedes saber la rapidez de tus reacciones ante un determinado estímulo. En primer lugar, busca a un amigo que te ayude y una regla. Tu amigo debe sostener la regla por su extremo superior y colocarla en vertical; separa los dedos índice y pulgar y colócalos a derecha e izquierda de la regla, pero no la toques. Sin previo aviso, tu amigo debe soltar la regla y tú has de cogerla. Cuanto más alta esté tu mano, más rápidamente debes atrapar la regla.

Los médicos de la mente

La **psicología** y la **psiquiatría** son dos modernas ciencias que investigan la mente humana y tratan los trastornos de la personalidad. A diferencia del psicólogo, que trata de encauzar o modificar la conducta para ayudar a conocernos a nosotros mismos, el psiquiatra es un médico especialista en enfermedades mentales. No hay que confundirlo con el **neurólogo**, que es el especialista en enfermedades del sistema nervioso.

En la actualidad coexisten tres diferentes corrientes o líneas de acción dentro de la psicología:

• *Psicoanalista:* esta corriente considera que la raíz de todos los trastornos de la personalidad está en el subconsciente del individuo. Se considera a Sigmund Freud (1856-1939), un médico de Viena, el fundador del psicoanálisis.

• *Conductista:* sostiene que los trastornos mentales son consecuencia de aprendizajes erróneos, de conductas anómalas reforzadas por el entorno.

• *Existencialista:* parte del supuesto que el individuo se ha estancado en su desarrollo y realización personales.

Comportamiento obsesivo

Numerosas personas son, en cierto grado obsesivas: por ejemplo, comprueban varias veces que la puerta de la calle esta cerrada. Otras, en cambio, sufren ya un cierto nivel de alteración mental, ya que se lavan las manos con una frecuencia absurda para evitar los microbios (como hacía el multimillonario estadounidense Howard Hughes), persisten en una idea durante años o bien dudan de un mismo tema sin encontrar nunca una solución.

Las fobias, un miedo irracional

El **miedo** es un instinto que todos sentimos y que nos protege de situaciones peligrosas. Si hay un peligro real, lógicamente, se debe producir una angustia proporcional a esa situación, pero la persona fóbica sufre crisis de pánico ante situaciones que, en realidad, no son peligrosas. Todos los fóbicos son conscientes de que su miedo es irracional, pero no lo pueden impedir. En la figura puedes observar la reacción de las células del córtex cerebral en una situación normal de ansiedad (por ejemplo, la visita al dentista) o durante un ataque de pánico patológico.

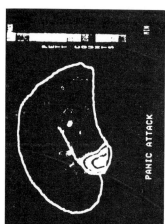

IMAGEN DEL CEREBRO DURANTE UNA
SITUACIÓN NORMAL DE ANSIEDAD

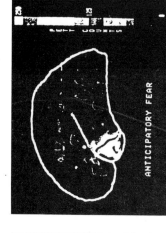

IMAGEN DEL CEREBRO DURANTE UN
ATAQUE DE PÁNICO PATOLÓGICO

La depresión, enfermedad mental más frecuente

La depresión es la enfermedad mental más común de todas las que existen. Los síntomas de esta enfermedad son: insomnio, llorar con facilidad aunque no produzca alivio, desajustes en la alimentación, sentirse desconectado del mundo y apático, dolores injustificados, pérdida de la concentración y sentirse indeciso e inútil.

La depresión puede aparecer a cualquier edad, pero la contraen más frecuentemente las mujeres de edades comprendidas entre los 35 y los 55 años, y unos diez años más tarde los hombres.

El suicidio: alerta con los «avisos»

El suicidio está directamente relacionado con la **depresión**: la mayor parte de las personas que se suicidan están atravesando una depresión, y generalmente lo han intentado en diversas ocasiones. A pesar de estos «avisos», es difícil saber si se trata sólo de una amenaza, o si la persona será verdaderamente capaz de suicidarse. Por ello, hay que prestar atención a las personas que manifiestan la intención de suicidarse o ya lo han intentado. A veces, cuentan a alguien todos los detalles de su próximo suicidio y en otros casos hacen sólo una leve alusión.

¡Cuidado con las drogas!

El consumo de drogas provoca daños, en muchos casos irreversibles, a nuestro cuerpo y a nuestra mente, ya que generan dependencia emocional y física. Las drogas, como tales, no son perjudiciales: sustancias como la **heroína** o la **morfina** las emplea la medicina para aliviar intensos dolores. Lo que es verdaderamente peligroso son otros factores: la adicción, la prescripción sin consejo médico y el abuso de las drogas «legales» (el alcohol, la nicotina del tabaco, la cafeína).

El yoga, uno de los métodos de relajación más practicados

La relajación es beneficiosa para nuestro sistema nervioso. En situaciones que te creen tensión, la relajación te ayudará a combatirla. Además, la relajación, practicada con regularidad, reduce la tensión muscular y es efectiva para mitigar los dolores de cabeza y de espalda, y controlar la presión sanguínea.

El yoga es una ciencia de origen milenario. Consiste en un conjunto de **posturas o asanas** (más de 200) donde juega un papel básico el **ritmo de la respiración**. Los practicantes de yoga consiguen un gran bienestar físico, mental y espiritual.

Algunas posturas de yoga

Presentamos a continuación algunas posturas de yoga puesto que ayudan eficazmente a relajarse, a conseguir un autocontrol y a resolver algunos problemas musculares.

POSTURA
SOBRE LOS
HOMBROS

• *Postura sobre los hombros*: eleva las piernas hasta apoyar sólo hombros y codos en el suelo. Permanece así durante unos dos minutos. Esta postura activa la glándula tiroides y regula el metabolismo del calcio y del fósforo.

58

• *Barca:* siéntate en el suelo, con las piernas juntas y estiradas. Apoya sólo el tronco hasta la altura de la cintura en el suelo y mantén la cabeza y los hombros levantados, con el mentón junto al pecho. En esta posición, levanta las piernas y brazos hasta formar un ángulo de 45° con el suelo. Esta postura fortalece las cervicales y los abdominales y corrige las desviaciones de la columna.

BARCA

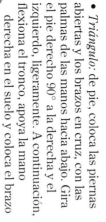

• *Triángulo:* de pie, coloca las piernas abiertas y los brazos en cruz, con las palmas de las manos hacia abajo. Gira el pie derecho 90° a la derecha y el izquierdo, ligeramente. A continuación, flexiona el tronco, apoya la mano derecha en el suelo y coloca el brazo izquierdo estirado sobre la cabeza. Mediante esta postura se tonifican los músculos de las extremidades y se estiran los de la cadera.

TRIÁNGULO

• *Arco:* boca abajo, dobla las piernas y coge con las manos los pulgares de los pies. Continúa tirando lentamente hasta acercar los pies a la cabeza. Antes de realizar este ejercicio, es aconsejable haber adquirido flexibilidad en la columna. Esta postura corrige las malformaciones del tórax y masajea las vísceras abdominales.

• *Pez:* túmbate con las manos bajo las nalgas, los codos apoyados en el suelo, los hombros y la nuca levantados con la cabeza hacia atrás, y aleja el mentón del pecho. Permanece en esta posición durante dos minutos. Esta postura airea los pulmones y calma los espasmos bronquiales.

PEZ

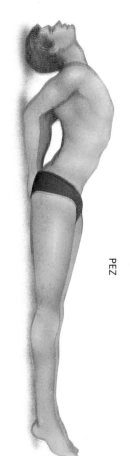

• *Cobra:* boca abajo, apoya las palmas de las manos en el suelo, con los brazos estirados, e impulsa con las manos el tronco, elevándolo en el momento de la inspiración, y arquéalo tirando la cabeza hacia atrás. Esta postura expansiona el tórax, corrige lesiones de la columna y fortalece espalda y brazos.

COBRA

ARCO

ARADO

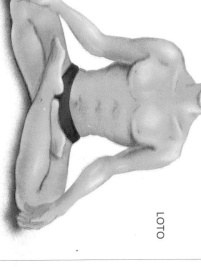

• *Arado:* estirado en el suelo, levanta las piernas y apoya sólo hombros y codos. A continuación, lentamente, inclina las piernas estiradas hacia atrás de la cabeza, hasta apoyar los pies en el suelo. Los brazos deben estar estirados por delante de la espalda. Después, baja las piernas despacio, apoyando vértebra a vértebra la columna hasta la cintura. Este estiramiento es beneficioso para los discos intervertebrales.

• *Loto:* es la mejor postura para la meditación. Sentado, apoya el pie derecho sobre el muslo izquierdo y el pie izquierdo sobre el muslo derecho; estira la columna y apoya las muñecas sobre las rodillas. Mantén esta posición, sin movimiento, el tiempo que creas necesario. De esta manera favorecerás la concentración mental.

LOTO

Relájate en cualquier instante

Además del yoga y de los ejercicios respiratorios ya descritos, muchas técnicas de relajación se pueden realizar con facilidad en cualquier lugar y en un momento que tengas libre. Si los practicas con regularidad, reaccionarás mejor ante situaciones de estrés:

• Cierra los ojos y cuenta regresivamente desde veinte, pronunciando en silencio cada número al ritmo que espiras.

• Respira profunda y regularmente durante cinco minutos, con los ojos cerrados y la espalda bien apoyada.

• Cierra los ojos e imagina una escena agradable durante cinco minutos.

• Practica algún movimiento poco usual para reducir la tensión muscular.

• Respira profundamente. A tu mente es posible que acudan ideas perturbadoras que puedes contrarrestrar concentrando tu mente en la palabra *un* en cada respiración. Casi inmediatamente sentirás que has logrado alejarlas y hacerlas desaparecer.

La mejor manera de mantenerte relajado siempre se basará en una vida ordenada, con unos hábitos (horario de comidas, horas de descanso, etc) fijos, una dieta equilibrada, la exclusión de comidas o bebidas excitantes, y prestando atención a todo lo que supone calidad de vida.

Un 4 % de la población tiene problemas de ansiedad, que se presentan con mayor frecuencia en los adultos jóvenes.

Ejercicios generales

Si no te sientes capaz de seguir una disciplina de relajación mediante las posturas de yoga, existen una serie de ejercicios más «occidentales» para practicar en casa. Cuando los realices, trata de sentir la ligereza de tus extremidades y visualizar tu cuerpo mientras estás relajado.

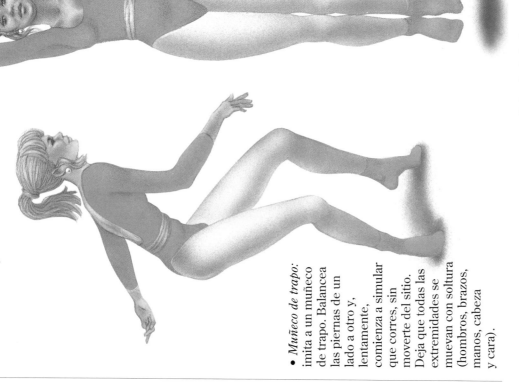

• *Muñeco de trapo:* imita a un muñeco de trapo. Balancea las piernas de un lado a otro y, lentamente, comienza a simular que corres, sin moverte del sitio. Deja que todas las extremidades se muevan con soltura (hombros, brazos, manos, cabeza y cara).

• *Colgarte de los brazos:* cógete con las manos del marco de una puerta o una barra y estira el cuerpo. Los pies no deben tocar el suelo y tampoco te balancees. También puedes utilizar una tabla de madera igual de larga que tu cuerpo: apóyala lo más inclinada posible y recuéstate sobre ella con la cabeza hacia abajo.

Con la evolución, el tamaño del cerebro se ha ido desarrollando: los dinosaurios tenían una médula diez veces más voluminosa que su reducido cerebro, mientras que la médula del hombre no era mayor que el apéndice intestinal del dinosaurio.

Plantas que curan

E l hipérico (*Hipericum perforatum*) es la planta medicinal por excelencia del sistema nervioso. Tiene efectos tranquilizantes y, por lo tanto, es un buen remedio para el tratamiento de estados nerviosos, para combatir el insomnio, etc. Además, se ha demostrado la utilidad del hipérico como antidepresivo gracias a su principal sustancia activa, la hipericina, que se encuentra en las flores y en las hojas. El hipérico, a diferencia de los medicamentos que se utilizan habitualmente para tratar los estados depresivos, no tiene efectos secundarios sobre el sistema nervioso central y no crea adicción.

Para notar sus efectos, la infusión se ha de tomar varias veces al día durante semanas e incluso meses. Ante situaciones como, por ejemplo, la muerte de un familiar, que puede conducir a una depresión, es aconsejable tomar entre tres y seis tazas diarias de infusión.

Mezclada a partes iguales con lúpulo y melisa, también se recomienda para combatir los cambios del estado de ánimo de origen hormonal que se pueden producir durante la menopausia, y los trastornos en las personas sensibles a los cambios atmosféricos.

HIPÉRICO
(*Hipericum perforatum*)

- *Acostado:* acuéstate en el suelo y cierra los ojos. Empieza contrayendo los músculos de los pies y, después, relájalos. Continúa contrayendo y relajando grupos de músculos de forma ascendente, hasta llegar a la cara. Cuando estés completamente relajado, disfruta de esta sensación durante cinco minutos.

La médula espinal es la vía de comunicación del sistema nervioso central y, por lo tanto, insustituible como conductor de reflejos. Así, una gallina decapitada puede correr y aletear durante unos instantes.

La utilidad del masaje

Los beneficios del masaje para el cuerpo y la mente ya eran conocidos en la antigüedad por las civilizaciones egipcia y griega. Actualmente, los masajes están cobrando gran popularidad porque facilitan la circulación sanguínea, alivian los dolores y relajan los músculos agarrotados y tensos. Siempre que sientas la necesidad de recibir un masaje, acude a un profesional, que es la persona más capacitada para actuar sobre tu cuerpo sin producirte daño alguno.

- *Masaje de cabeza, cuello y hombros:* las tensiones que sufre la espalda se transmiten a los hombros y a los músculos del cuello, lo que puede provocar jaquecas y cansancio ocular. Los músculos tensos de esta zona se aprecian, al tacto, con rapidez.

- *Masaje de la espalda:* la espalda es una zona donde se suele acumular la tensión, ya que en ella se ramifican 31 pares de nervios que están conectados a los órganos internos.

- *Masaje de los pies:* las plantas de los pies poseen un número importante de terminaciones nerviosas y arterias. Los masajes en los pies facilitan su flexibilidad y agilidad, favorecen la circulación de la sangre y ayudan a disminuir la retención de líquidos. La persona que recibe el masaje puede estar acostada boca arriba o boca abajo.

Ante un estímulo o un imprevisto, los conductores tardan en reaccionar entre 0,3 y 0,9 segundos, según su experiencia. Los jugadores de *squash*, deporte que requiere gran rapidez de reflejos, poseen una rapidez excepcional: tardan entre 0,14 y 0,18 segundos en reaccionar.

Los sentidos

Y a hemos manifestado que el cuerpo humano funciona como un todo unido, un conjunto en el que cada aparato, cada sistema, cada pequeña pieza tiene su misión específica. Por pequeña que parezca ser la misión de cada elemento, su función es, en realidad, muy importante, puesto que de ella muchas veces depende el buen funcionamiento de todo un sistema.

El ser humano se relaciona con el mundo que le rodea de doble manera: recibiendo del exterior una gran cantidad de información que luego es analizada por el cerebro,

y ejecutando las respuestas conscientes que el mismo cerebro elabora o en actos reflejos. Nuestro cuerpo tiene unos órganos especializados en captar estímulos físico-químicos y convertirlos en impulsos nerviosos que son enviados al cerebro donde se traducen en sensaciones. Las células sensitivas de cada órgano de los sentidos son absolutamente distintas de las de otro órgano y sólo son capaces de responder a un tipo concreto de estímulo. Este apartado va a tratar de dar algunos conocimientos y consejos para mantener nuestros sentidos bien cuidados.

La higiene de la piel

La primera **barrera de defensa** del cuerpo contra las enfermedades es la piel. Su capa protectora tiene que rechazar gérmenes, hacer frente a los cambios de temperatura, curar las heridas y, al mismo tiempo, informar al cerebro, a través de los nervios, de lo que ocurre en el mundo táctil exterior.

Sobre la piel se acumulan restos de su propia actividad, como sudor, grasa o piel seca, y también la suciedad propia

que nosotros mismos generamos. Con la higiene de la piel no sólo se logra que ésta se desarrolle con normalidad sus funciones, sino que se evita la entrada de microorganismos que pueden provocar graves enfermedades infecciosas. Además, también evitamos en gran parte la formación de **espinillas**, que se producen cuando un exceso de grasa y la acumulación de células secas taponan el folículo piloso, lo cual origina la formación de pus. Para mantener la piel limpia es suficiente **lavarse diariamente** con agua y jabón.

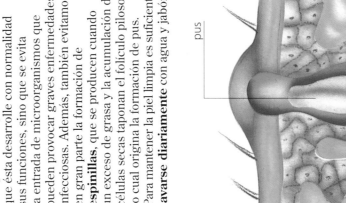

FORMACIÓN DE UNA ESPINILLA

pus

La hora del baño

La elección del **baño** o de la **ducha** depende de los gustos personales: algunas personas prefieren el efecto estimulante de la ducha, mientras que otras son partidarias del baño porque las relaja. En todo caso, es importante considerar la ducha como un medio de economizar agua, un bien escaso en nuestro planeta. En general, es bueno tomar un baño diario, aunque las personas mayores quizá no precisen tanta frecuencia: al disminuir la cantidad de aceites naturales del cuerpo, un baño diario puede secar la piel en exceso, en cuyo caso es recomendable aplicarse algún tipo de aceite. En cambio, no conviene usar sales ni polvos de baño, ya que aumentan el efecto de deshidratación de la piel.

El lavado de las manos

Es necesario dedicar una atención especial al lavado de las manos. Se han de lavar antes de comer, después de ir al lavabo o después de haber estado jugando en la calle, porque es más que probable que, sobre todo entre las uñas, existan restos de **suciedad.** Si uno se acostumbra a lavarse las manos, este acto acaba convirtiéndose en un hábito.

El cuidado de las uñas

Las uñas se componen de una proteína, la **queratina,** formada por células muertas, lo que les proporciona una gran dureza. Tanto las uñas de las manos como las de los pies nacen de un pliegue de piel situado en la base. Cuidar las uñas significa **enjabonarlas** y **cepillarlas** durante la ducha o el baño, ya que muchas veces no es suficiente con lavarse las manos. El cuidado de las uñas implica también **cortarlas** periódicamente: deben mantenerse cortas, sin sobrepasar las puntas de los dedos. Para ello se utiliza un cortaúñas o unas tijeras curvas especiales, siguiendo la forma de la punta del dedo.

Las uñas de los pies es mejor cortarlas rectas para evitar que los bordes laterales se claven en el dedo. Luego no te olvides de limarlas, preferentemente después del baño, justo en el momento en que son más blandas.

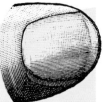

Las uñas de las manos crecen cuatro veces más rápidamente que las de los pies, a razón de 0,06 cm a la semana.

Dieta y piel

Una buena alimentación es importante para mantener la piel sana. Los **alimentos naturales** protegen contra ciertas enfermedades de la piel y lamentablemente, gran parte de la población occidental come incorrectamente, ya que ingiere un exceso de grasas saturadas, carbohidratos refinados y calorías, así como una cantidad insuficiente de fibra. La dieta no genera grandes diferencias en la piel en los países occidentales, aunque son frecuentes algunos casos de **escorbuto** entre las personas mayores, que causa irritación de la piel y de las encías. Se cura fácilmente comiendo más frutas y verduras, bebiendo zumo de naranja o tomando vitamina C.

DÉFICIT VITAMÍNICO Y ALGUNOS EFECTOS SOBRE LA PIEL

Vitamina A	Piel áspera y seca
Riboflavina	Dermatitis
Niacina	Piel ulcerada, pruriginosa y escamosa
Vitamina B$_6$	Dermatitis
Vitamina B$_{12}$	Úlceras bucales
Vitamina C	Dificultad de curación de las heridas, hemorragias cutáneas

La forma más corriente de pérdida del pelo, la calvicie masculina, sigue una tendencia hereditaria: la pérdida se inicia en las sienes y en la coronilla, y va avanzando gradualmente.

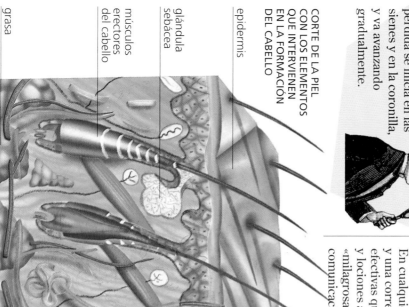

CORTE DE LA PIEL CON LOS ELEMENTOS QUE INTERVIENEN EN LA FORMACIÓN DEL CABELLO

grasa

glándula sebácea

músculos erectores del cabello

epidermis

glándula sudorípara

pelos

arteria

vena

63

El cuidado del cabello

El cabello se ensucia fácilmente con la polución y el polvo, a lo que se unen la propia grasa del cabello y la caspa. Lavarlo con frecuencia no es perjudicial, aunque sí es aconsejable hacerlo con un champú suave y masajeando todo el cuero cabelludo.

Después de aclararlo, debes enjabonar otra vez el cabello con champú y, finalmente, lavarlo con agua templada muy abundante.

Es mejor que te seques el cabello al aire o con una toalla antes que utilizar un secador eléctrico, pero si lo empleas, procura que no esté muy caliente y manténlo a una distancia mínima de 15 cm para evitar que las puntas se abran.

El «problema» de la calvicie

La calvicie (también llamada **alopecia**) forma parte del programa genético que cada uno lleva fijado al nacer. Muchos hombres padecen algún tipo de calvicie al hacerse mayores, aunque también a algunas mujeres se les aclara el pelo de la coronilla.

La calvicie puede ser alarmante, pero casi siempre se detiene en un cierto punto. Hasta ahora no existe curación posible a este fenómeno, pero los últimos avances médicos en este sentido están facilitando las operaciones de **trasplante capilar**, que parece ser que con resultados esperanzadores y duraderos.

En cualquier caso, una buena higiene y una correcta alimentación serán más efectivas que muchas de las cremas y lociones anunciadas a menudo como «milagrosas» en los medios de comunicación.

...las serpientes tienen la lengua bífida para orientarse?

Las orejas de las personas, estratégicamente situadas, detectan de dónde procede un sonido, ya que la oreja más próxima a la fuente sonora percibe el sonido a mayor volumen que la más lejana. De un modo similar, las serpientes usan su lengua bífida para localizar la procedencia de ciertos estímulos, aunque no sonidos, sino aromas.

Todo animal deja un rastro de moléculas aromáticas en los lugares por los que pasa, olores que son más intensos cuanto más reciente es el paso del animal. En el rastreo y seguimiento de su presa, la serpiente capta las moléculas aromáticas con la lengua, y las dos puntas de esta permiten detectar de qué lado es más intenso el olor y, por lo tanto, hacia dónde ha ido la presa. Las señales captadas por la lengua llegan al cerebro y la serpiente corrige su trayectoria según las diferencias percibidas entre las dos puntas de la lengua.

Este insólito sistema de orientación «en estéreo» desempeña además un papel crucial en su reproducción: cuando una serpiente sigue a una pareja en celo, saca la lengua con frecuencia para oler su rastro. Tener la lengua en forma de horca permite que una punta capte un olor, con lo que la serpiente detecta hacia dónde ha ido la pareja.

¿Cómo se produce la caspa?

La caspa no es una enfermedad. Las escamas blancas simplemente son escamas de **piel muerta** que se desprenden del cuero cabelludo. Es probable que se hagan más visibles cuando el pelo es graso, por lo que en este caso hay que lavarse el pelo más a menudo con un champú suave. Los médicos suelen recomendar el uso de champús anticaspa, elaborados a base de zincpiritione, pero sus efectos benéficos sólo se notan, en ocasiones, a muy largo plazo.

Canas y tintes

El cabello se vuelve gris porque las células del folículo capilar fabrican pigmentos que, con la edad, se vuelven transparentes. Para aminorar el efecto de las conocidas «canas», probablemente son aconsejables los **tintes vegetales** o la antigua **henna** (planta arbustiva, utilizada tradicionalmente por los países árabes para teñirse el cabello o maquillarse).

Sin embargo, en general, es mejor evitar los tintes artificiales para no favorecer la aparición de ciertas alergias o problemas capilares. Si se desea teñir el pelo, se ha de reducir la frecuencia al mínimo posible y procurar aplicar el tinte por mechones, para impedir que entre en contacto con la piel.

Antes de utilizar un tinte artificial, hay que hacer una pequeña prueba en una extensión reducida de piel para evitar posibles alergias cutáneas.

Enfermedades de la piel

Al examinar la piel te puedes encontrar con algunas enfermedades dermatológicas que, aunque molestas, no son graves y tienen un tratamiento y un remedio fácil. En cualquier caso, sean picores persistentes, enrojecimientos molestos o granos, lo mejor es consultar al **dermatólogo**. Nunca nos hemos de automedicar.

Es posible que el especialista te practique una **biopsia** para averiguar las posibles causas del trastorno cutáneo. Bajo anestesia local, se extrae una pequeña sección de piel y se analiza. Si se sospecha de algún tipo de cáncer, también se eliminan las zonas adyacentes.

Eccema

El eccema da lugar a **enrojecimiento** e **inflamación** de la piel, acompañados de un picor muy intenso. La causa puede ser la alergia a algún alimento o al contacto con determinadas sustancias.

Sus manchas circulares y escamosas se parecen a la **micosis**, pero esta es una infección originada por hongos (el eccema no es contagioso). Para aliviar el malestar, los dermatólogos suelen recetar pomadas a base de esteroides.

ORTIGA

Urticaria

Aparecen puntos rojos en la piel o manchas rojizas y suelen producir mucho picor. La urticaria puede estar causada por el roce con alguna planta, como la **ortiga**, o por la alergia a algún alimento, al pelo de algunos animales, etc.

Antes de la batalla, los centuriones romanos solían hacerse la manicura y depilarse el vello de las piernas.

Piojos

Los piojos (*Pediculus humanus capitis*) son insectos parásitos de la piel, mucho más comunes en la cabeza como indica su nombre científico. Son muy **contagiosos**, pero en la actualidad se eliminan fácilmente mediante el empleo de **champús antiparasitarios**.

Un piojo en pleno desarrollo tiene el tamaño de una cabeza de cerilla con seis patas. Cada pata posee un gancho con el que se agarra al pelo, cerca del cuero cabelludo. En la cabeza del piojo se ubica un aparato, a modo de aguja,

Acné

El acné es una enfermedad cutánea que suele aparecer a partir de los 12 años de edad, sobre todo en la cara, y que, si no hay complicaciones graves, sólo se desarrolla durante la pubertad y desaparece hacia los 18 o 20 años.

El acné surge como consecuencia de que las glándulas sebáceas fabrican un exceso de grasa, que tapa los poros de la piel.

En algunos casos, las **pústulas** o manchas de grasa pueden dejar cicatrices. Por ello, nunca debes apretar los granos con los dedos.

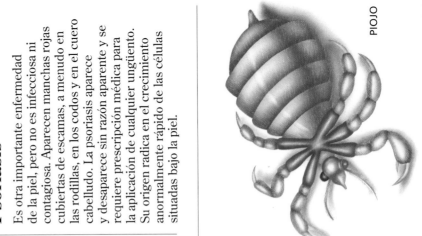

En el siglo XVII, el naturalista Hodierna afirmaba que la lengua de las serpientes salvaba a estos animales de la asfixia, pues les permitía limpiarse la porquería que les entraba en la nariz al arrastrarse por el suelo.

Psoriasis

Es otra importante enfermedad de la piel, pero no es infecciosa ni contagiosa. Aparecen manchas rojas cubiertas de escamas, a menudo en las rodillas, en los codos y en el cuero cabelludo. La psoriasis aparece y desaparece sin razón aparente y se requiere prescripción médica para la aplicación de cualquier ungüento. Su origen radica en el crecimiento anormalmente rápido de las células situadas bajo la piel.

PIOJO

que penetra en la piel hasta que encuentra un vaso sanguíneo. Entonces succiona la sangre, al tiempo que inyecta un anticoagulante para asegurar el flujo continuo de la misma. Cuando la pequeña mordedura empieza a picar, el piojo ya se ha trasladado a otro lugar.

A menudo se cree que los piojos sólo se encuentran en la gente sucia, pero la verdad es que prefieren el pelo limpio y sin caspa, que les facilita llegar al cuero cabelludo.

La sensibilidad de los dedos es tal que puede captar vibraciones de un movimiento de 0,02 micras.

La piel y el sol

Las **arrugas** en la piel aparecen mucho antes en todas aquellas personas que toman el sol durante largos períodos, por el desgaste de los tejidos elásticos debajo de la epidermis. La excesiva exposición a los rayos solares también aumenta el riesgo de contraer **cáncer de piel.**

Afortunadamente, la mayoría de estos trastornos se pueden curar si se tratan a tiempo. Por tanto, es vital examinar la piel cuidadosamente para detectar cualquier anomalía.

Algunas personas tienen mayor tendencia a desarrollar cáncer de piel que otras; por ejemplo, los rubios y con una piel delicada, de más de 30 años de edad, que hayan tomado el sol sin la protección adecuada, deben autoexaminarse con mayor atención. Sobre todo en verano, presta atención a los siguientes consejos:

• Empieza con una exposición al sol de 15 minutos e incrementa progresivamente este tiempo durante la primera semana.

• Evita tomar el sol en las horas de mayor insolación.

• Utiliza bronceador con un adecuado factor de protección y cúbrete la cabeza con un sombrero.

• Recuerda que la luz solar se refleja en el agua, la arena y la nieve.

✏️ Cada hembra de piojo pone de cinco a ocho huevos diariamente y puede producir un total de hasta 300.

Sensación de dolor

El dolor es un **mecanismo protector** del cuerpo: aparece siempre que un tejido se lesiona y obliga al individuo a reaccionar de forma refleja para suprimir el dolor. Además, permite detectar la gravedad de una lesión externa y el estado interno de los órganos para poder actuar en consecuencia antes de que exista un verdadero peligro.

El dolor se percibe a través de **terminaciones nerviosas** libres, muy abundantes en la piel (170 por cm²). De esta manera, cualquier sensación de presión, frío o calor, si es muy intensa, provoca una sensación dolorosa en la que también influye el estado de conciencia del individuo (el cansancio y las distracciones disminuyen el dolor). No existe una adaptación inconsciente al dolor, de modo que la insensibilidad, cuando es necesario, debe provocarse mediante analgésicos o anestesia total o local, que elimina temporalmente las sensaciones dolorosas.

Plantas que curan

L a **caléndula** (*Calendula officinalis*) es una bella planta de jardín que ya se empleaba en la Edad Media para tratar la tiña y las impurezas de la piel. Posteriormente aparece entre los remedios más eficaces para curar heridas y tratar úlceras varicosas o trastornos cutáneos de cualquier índole.

La caléndula se puede usar, internamente, como infusión, y externamente, en compresa, lavado, tintura, aceite o pomada.

En aplicación externa, ejerce un efecto antiinflamatorio de la mucosa bucal y faríngea, y posee propiedades cicatrizantes en caso de heridas, magulladuras y quemaduras. Para preparar la compresa hay que realizar una infusión de dos cucharaditas de flores de caléndula en un cuarto de litro de agua, y aplicar la envoltura sobre la zona afectada. Por su gran capacidad para cuidar la piel y curar la que ha sido dañada, la caléndula se ha convertido en uno de los componentes más frecuentes en la elaboración de cosméticos, tónicos y cremas regeneradoras.

CALÉNDULA (*Calendula officinalis*)

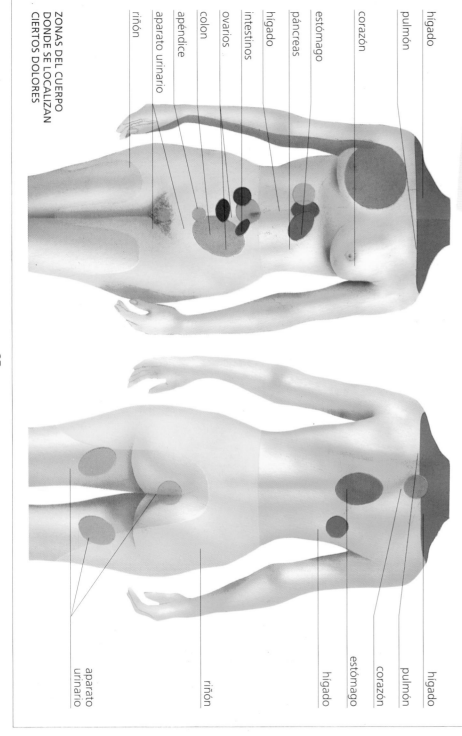

ZONAS DEL CUERPO DONDE SE LOCALIZAN CIERTOS DOLORES

hígado
pulmón
corazón
estómago
páncreas
hígado
intestinos
ovarios
colon
apéndice
aparato urinario
riñón

hígado
pulmón
corazón
estómago
hígado

riñón

aparato urinario

Quemaduras

Bajo este nombre se agrupan las lesiones producidas por acción del calor o de productos cáusticos.

Principales causas de quemaduras son los rayos solares, el contacto con líquidos hirvientes, metales o cuerpos sólidos que han alcanzado una temperatura muy elevada, las llamas, la electricidad y el contacto o ingestión de productos cáusticos. Por orden creciente de gravedad, las quemaduras se clasifican en:

• *Quemaduras de 1er grado*: rojez simple; es la típica insolación o eritema.
• *Quemaduras de 2º grado*: ampollas, como las ocasionadas por líquidos hirvientes.
• *Quemaduras de 3er grado*: destrucción de todo el espesor de la piel y hasta de otros órganos más profundos, como huesos y músculos.

Como primeros auxilios, por ejemplo en el caso de quemadura en una de las manos, es aconsejable utilizar una gasa o, como última solución, un pañuelo limpio. En primer lugar, hay que colocar la gasa sobre la quemadura y fijarla con dos vueltas firmes alrededor de la muñeca (1). Luego se coloca el vendaje sobre la palma de la mano y entre el pulgar y el índice (2). Se rodean los dedos extendidos y se pasa la venda por encima del dorso de la mano (3); finalmente, se da otra vuelta de venda alrededor de la muñeca, se divide la venda y se ata (4).

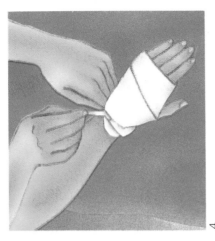

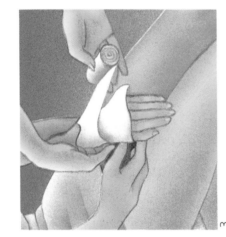

3

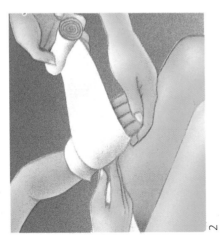

4

Astillas

Las astillas no son sólo dolorosas: si no se extraen rápidamente, o si la herida no se limpia de manera adecuada, se puede producir una grave infección. Primero se ha de lavar la piel de alrededor de la astilla con un antiséptico, limpiando siempre la lesión hacia fuera. Si hay un trozo de astilla que sobresale de la piel, se puede extraer suavemente con unas pinzas. Un poco de crema antiséptica y un pequeño apósito protegerán el lugar del pinchazo. Si la astilla está hundida profundamente, es mejor no hurgar para sacarla, sino que es preferible limpiar la zona afectada, aplicar un apósito y buscar asistencia médica. En caso de no disponer de unas pinzas, también se puede emplear un alfiler, cuya punta se esterilizará con una llama.

2

Mordeduras y picaduras

Aunque las mordeduras y picaduras de insectos, reptiles u otros animales pueden a veces ser graves, en general, su efecto se limita a dolor e inflamación localizados, que se pueden aliviar fácilmente con una pomada antihistamínica. Sin embargo, si la víctima muestra señales de exagerado malestar o experimenta dificultad para respirar, ello podría deberse a una grave reacción del organismo, en cuyo caso se ha buscar atención médica con la mayor urgencia.
Las **mordeduras** de animales se han de lavar bien con agua y jabón para prevenir la infección, y se han de cubrir con una venda limpia. Si existe cualquier posibilidad de padecer rabia, se ha de acudir al médico para que aplique la vacuna antirrábica.
En las picaduras de **insectos**, caso de las abejas, se ha de eliminar el aguijón con unas pinzas, procurando no apretar el saquito de veneno. Luego se lava la zona afectada y se aplica una compresa o bolsa de hielo. Si la picadura se ha producido en el interior de la boca, como medida de urgencia puede

mantener un cubito de hielo en la cavidad bucal, pero se debe acudir rápidamente a un centro médico, en especial si se afecta a la respiración.
En las picaduras de **araña** se ha de mantener el área de la picadura a un nivel más bajo que el corazón de la víctima y aplicar compresas frías. Se ha de solicitar ayuda médica de inmediato.
Las garrapatas y las sanguijuelas es mejor no arrancarlas de la piel con los dedos; la aplicación de alcohol o sal, o la proximidad de un cigarrillo encendido, provocarán el desprendimiento del parásito.

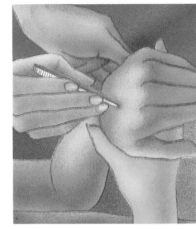

CÓMO EXTRAER EL AGUIJÓN DE UNA ABEJA DESPUÉS DE UNA PICADURA

Cuida tus ojos

La **miopía**, producto de un globo ocular demasiado largo, puede aparecer a cualquier edad, pero es particularmente común durante el crecimiento; es un trastorno que se puede corregir con gafas.

La **hipermetropía** o presbicia es el trastorno inverso, puesto que se genera cuando el globo ocular es demasiado corto; en pequeño grado, y cuando la persona todavía está creciendo, el mismo ojo puede llegar a corregir este defecto.

Las personas que sufren **astigmatismo** ven los objetos nublados y distorsionados. Se produce cuando la curvatura de la córnea no es completamente esférica. Para detectar el astigmatismo se emplea el cuadrante solar, una figura en la cual la persona astigmática no ve todos los radios igual de largos y gruesos.

De momento no hay forma de prevenir el desarrollo del astigmatismo, la miopía, ni la presbicia. Hasta cierto punto son cuestiones de herencia o bien, en la mayoría de los casos, se trata de efectos fortuitos sobre el crecimiento y el desarrollo de los ojos.

Existen ejercicios de relajación de los ojos, que forman parte de la denominada «gimnasia ocular». Uno de ellos es el **palmeo**, un ejercicio que puede practicarse a cualquier hora y durante el tiempo que se desee, cuando se sienten los ojos cansados o después de una dura jornada de trabajo. Consiste en tapar los ojos con la palma de las manos ligeramente ahuecada (sin presionarlos), y colocando los dedos de una mano encima de los de la otra. Debe procurarse que no entre luz, cerrar los ojos y respirar profundamente. Luego es aconsejable refrescarse los ojos salpicándolos con agua fría.

PALMEO

67

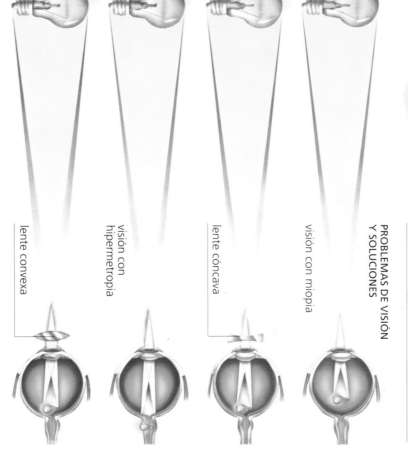

Las gafas

Es importante corregir lo más pronto posible los defectos de la vista, desde las edades más tempranas, para que los niños no tengan dificultades innecesarias, por ejemplo, en la escuela.

En algunas escuelas se lleva a cabo una revisión ocular, pero a menudo esto no sucede hasta los seis o siete años, cuando los niños ya reconocen las letras. En general, la gente no se da cuenta de que es corta de vista hasta que se pone gafas, y por lo tanto es útil realizar sencillas pruebas visuales con cada ojo por separado: quien no pueda leer una guía telefónica a 20 cm de distancia o la matrícula de un coche a unos 25 m, puede que necesite gafas y deba acudir a una revisión. Además, en los momentos de lectura, es imprescindible una buena iluminación y que la luz provenga ligeramente de detrás.

lente convexa

visión con hipermetropia

lente cóncava

visión con miopia

PROBLEMAS DE VISIÓN Y SOLUCIONES

CUADRANTE SOLAR QUE SIRVE PARA DETECTAR EL ASTIGMATISMO. EL ASTIGMÁTICO NO VE LOS RADIOS IGUAL DE LARGOS Y GRUESOS.

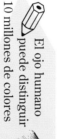

El ojo humano puede distinguir 10 millones de colores diferentes.

Protección de los ojos

Los ojos se encuentran bien protegidos por los huesos de la órbita del cráneo, los párpados, las pestañas y las lágrimas, que los limpian constantemente. No obstante, se trata de unos órganos muy delicados que deben cuidarse con suavidad. Se han de utilizar **gafas protectoras** al nadar en piscinas con agua clorada, al trabajar con productos químicos peligrosos, maquinaria o herramientas de gran potencia, e incluso al realizar trabajos de desinsectación en el jardín. También es importante no frotarse los ojos con las manos para evitar la trasmisión de posibles infecciones.

Para que un **colirio** ocular produzca efecto, debes aplicarlo correctamente: deja caer las gotas mientras oprimes el lagrimal, en el ángulo interior del ojo, evitando así que las gotas se introduzcan en los conductos lagrimales. Permanece así unos segundos, con el dedo sobre el lagrimal, ejerciendo una ligera presión.

Examen de los ojos

El examen frecuente de los ojos es muy importante, especialmente en los niños, ya que a esa edad ciertos defectos aún pueden corregirse. Las personas adultas, sobre todo las mayores de 40 años, deberían examinarse los ojos dos veces al año para controlar el deterioro de la vista con la edad y para recibir un tratamiento y las gafas adecuadas que le permitan conservar el máximo de su **capacidad visual**.

Algunas personas enfermas cuyo trastorno también afecte a la vista, como las que padecen hipertensión o diabetes, deben acudir al oftalmólogo una vez al año. Si se sufre algún trastorno ocular (pinchazos en el ojo, visión doble o borrosa, puntos negros, círculos de colores alrededor de las luces, etc.) hay que acudir al oftalmólogo de inmediato, el cual empleará el **oftalmoscopio**, un instrumento con una serie de lentes y una fuente de luz, para observar con detalle la parte interior del ojo. La agudeza visual se comprueba con la lectura de la **tabla de Snellen**, compuesta de **8 líneas de letras** y que se coloca a 6 m de distancia. Una persona con una vista normal es capaz de leer hasta la penúltima línea.

TABLA DE SNELLEN

OFTALMOSCOPIO

Infecciones oculares: previene su contagio

Los ojos, a pesar de los sistemas de protección de que disponen, son órganos muy delicados, expuestos a la acción nociva de cuerpos extraños (desde una mota de polvo a una invasión vírica), que pueden desencadenar procesos infecciosos.
Los ojos **inyectados en sangre** son un hecho bastante frecuente por la rotura de un pequeño vaso sanguíneo. Se trata de una anomalía sin importancia, que desaparece sin tratamiento alguno después de consultar al oftalmólogo.
Las **irritaciones** pueden deberse a un cuerpo extraño metido en el ojo o a una infección producida por un virus. Cualquier inflamación o dolor ocular que no desaparezca en dos días requiere asistencia médica.
La **conjuntivitis** es una enfermedad infecciosa caracterizada por la inflamación e irritación de la zona blanca del ojo. No suele ser un trastorno grave a no ser que se complique con alguna enfermedad de la córnea. Sin embargo, se ha de tener en cuenta que la mayoría de infecciones oculares son contagiosas y por tanto es esencial que, como medida de precaución, la persona afectada tenga su propia toalla en el baño.

Aunque sus ojos relucen en las tinieblas, los gatos no pueden ver en la oscuridad. El brillo se debe a que reflejan la escasísima luz ambiental por medio de una membrana llamada *tapetum lucidum*.
También tienen un campo de visión más amplio que [113] las personas y son muy sensibles a la luz ultravioleta.

3

Lesiones oculares

Si una mota de polvo, una pestaña o un insecto penetran en tu ojo, puedes intentar desalojarlo con unos rápidos **parpadeos**: el movimiento del párpado o el mayor flujo procedente de las glándulas lacrimales suelen hacer salir el objeto extraño. En todo caso, si este se encuentra en el blanco del ojo, también se puede quitar suavemente empleando la punta humedecida de un pañuelo limpio.
Si el objeto no se aparta fácilmente de la córnea, es mejor vendar el ojo y acudir inmediatamente al médico. Para efectuar este vendaje de urgencia, primero hay que colocar sobre el ojo un pañuelo doblado o una almohadilla de algodón (1). Mientras el accidentado sostiene el pañuelo, se dan dos vueltas firmes alrededor de la cabeza para sujetar el vendaje sin presionar sobre el ojo (2). A la tercera vuelta, se baja la venda por detrás de la cabeza, se sube, se pasa por encima del pañuelo y se sujeta con un imperdible (3).

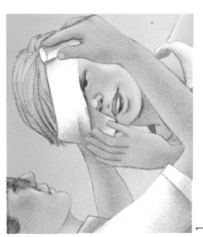

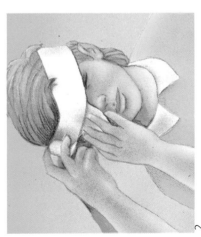

¡Cuidado con la luz!

En realidad, lo que ven nuestros ojos es la luz que los objetos reflejan. Además, la visión se da para **intensidades luminosas** comprendidas entre unos mínimos (oscuridad) y unos máximos (deslumbramientos), que sobreexcitan los bastones de la misma.

Por lo tanto, la luz puede dañar los ojos por exceso o por defecto. Una luz demasiado intensa deslumbra y cansa la retina. No se debe mirar nunca de frente al sol: sus rayos directos, sin reflejar, pueden causar graves trastornos, como quemaduras en la región central de la retina y especialmente en la **mácula**, con elevado riesgo de ceguera. Del mismo modo, una luz insuficiente cansa el ojo e incita a acercarse al libro o cuaderno mientras se lee o se escribe, lo cual determina unos esfuerzos exagerados de acomodación del cristalino que pueden conducir a una miopía.

[✎] El primer audífono constaba de dispositivos electrónicos en una cajita que el usuario guardaba en el bolsillo.

¿Por qué nos falla el equilibrio?

Se ha comprobado que la destrucción del **aparato vestibular** de un animal causa en él la pérdida de equilibrio y, en consecuencia, la adopción de posturas absolutamente anormales. Este fenómeno se presenta de forma particularmente exagerada cuando se destruyen las estructuras de un solo oído; entonces se descompensan los impulsos en los músculos del cuello, la cabeza gira intensamente hacia un lado y se curva el tronco. En casos extremos, el animal da vueltas permanentemente en un único sentido. Las lesiones de estas estructuras en el ser humano no provocan cambios tan patentes de la postura, pero causan **vértigos** y **náuseas**. Otros trastornos son palidez, alteración de la presión sanguínea, vómitos y sensación generalizada de inseguridad. Afortunadamente, con un tratamiento adecuado, se supera este estado y, al cabo de uno o dos meses, la persona queda casi libre de síntomas, si bien su sentido de la posición seguirá siendo escaso o nulo y no podrá responder adecuadamente a los cambios de aceleración.

Una de las pruebas más simples para descubrir deficiencias en el mecanismo del equilibrio consiste en ponerse de pie con los ojos cerrados y los pies juntos. Si la persona no tiene un buen control del equilibrio estático por alguna deficiencia en los utrículos, oscilará de uno a otro lado y, posiblemente, acabará por caerse.

[✎] Durante el parto no es raro que el bebé se vea privado de oxígeno transitoriamente. El oído es muy sensible a la falta de oxígeno y de ello pueden resultar casos de sordera.

¿Se puede evitar el mareo?

Los mareos en el transcurso de los **viajes** son frecuentes. En general, las personas se marean porque no mantienen una postura acorde con los movimientos del vehículo en el que viajan y se dejan balancear por sus vaivenes. El problema radica en que el cerebro recibe una información (la que transmite la vista) distinta a la que recibe el resto del cuerpo. Para evitar el mareo es recomendable viajar **mirando siempre al frente**, buscando una referencia visual fuera del vehículo y, por supuesto, siguiendo sus movimientos (inclinando el cuerpo en las curvas, por ejemplo).

Un caso especial lo configuran los viajes en avión, puesto que el campo frontal de visión se reduce al interior de la cabina. Para no marearse, lo mejor es mantener un buen estado de ánimo con la ayuda de alguna técnica de **relajación** y colocar el asiento inclinado hacia atrás, para que los órganos del equilibrio estén en una posición neutra.

[✎] Según los etólogos, el sabor dulce del azúcar es tan agradable para los humanos debido a una reminiscencia evolutiva: nuestros antepasados se pasaron milenios en los árboles, recolectando y alimentándose de frutas maduras, muy ricas en azúcar.

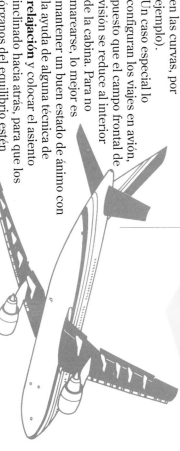

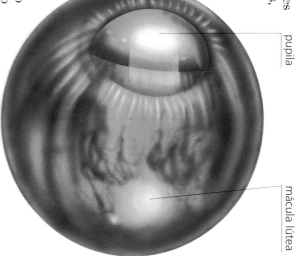

GLOBO OCULAR

pupila

mácula lútea

El cuidado de los oídos

Los oídos son estructuras muy delicadas que se lesionan fácilmente y de distintas maneras, muchas de las cuales se pueden evitar. La **sordera** puede ser, en ocasiones, una afección congénita que, a su vez, es causa de la mudez, a menos que se someta al niño a un aprendizaje especializado. Aunque muchos niños sordos aprenden a leer el movimiento de los labios y a usar la poca capacidad de oído de que disponen, carecen de la capacidad de escuchar su propia voz: su habla siempre es extraña y a menudo ininteligible para los demás. La sordera congénita puede deberse a una anormalidad genética hereditaria. Si hay algún pariente sordo en una familia, o lo es alguno de los cónyuges, es muy probable que alguno de los hijos padezca sordera. Una forma de sordera hereditaria es la **otosclerosis**, enfermedad que produce el endurecimiento del tejido óseo del laberinto, y que se cura actualmente mediante intervención quirúrgica. Otros tipos de sorderas congénitas pueden deberse a agentes exteriores, por ejemplo, una infección durante el embarazo causada por el virus de la **rubéola**.

La **cera** puede causar sordera del oído medio, pero generalmente sólo en el caso de que se meta por el canal del oído. Con un palito de algodón podemos eliminar la cera que se haya acumulado en la parte externa del conducto auditivo, pero no el posible tapón que pueda haberse formado más cerca del tímpano. En este caso, el otorrinolaringólogo extraerá el cerumen con una jeringa.

Examen de los oídos

Existen numerosas formas de examinar los oídos, algunas de ellas muy simples y que sólo requieren un **diapasón** o un **audífono**, dos procedimientos que miden la sensibilidad de cada oído para la banda de las frecuencias audibles y para distintas intensidades.

DIAPASÓN

La prueba más usual es la de **Weber**: consiste en hacer vibrar un diapasón aplicado sobre la frente del individuo, el cual, si tiene una audición normal, localizará el sonido frente a él. En cambio, si padece un trastorno en uno de sus oídos, le parecerá que el sonido le llega desde el lado del oído defectuoso.

La explicación radica en el hecho de que el paciente, además del sonido del diapasón, oye otros sonidos de fondo que sólo detecta el oído sano, mezclados con el sonido del diapasón. En cambio, el oído enfermo no percibe los ruidos extrínsecos y si las vibraciones del diapasón que llegan sin interferencias a través de los huesos; de ahí que las oiga más intensamente con el oído enfermo.

El audífono es un instrumento que emite distintas frecuencias e intensidades de sonido. El paciente indica cuándo deja de oír un determinado sonido, y el médico anota la respuesta en una gráfica (audiograma). Si la audición es anormal, los niveles de audición de los sonidos inferiores a 25 decibelios son menores por conducción aérea (círculos) que por conducción ósea (flechas).

Contaminación acústica: defendámonos de los ruidos

Los ruidos fuertes pueden dañar el oído. Cuanto más fuerte es el ruido, más corto es el tiempo de exposición necesario para producir pérdida de audición. Al principio, esta pérdida es transitoria, pero con el tiempo llega a hacerse permanente.

El ruido continuo de la industria pesada también puede producir sordera permanente, por lo que se debe proporcionarse a cada obrero una protección adecuada (**tapones de goma**) mientras permanece en su lugar de trabajo. Es conveniente no exponerse durante mucho tiempo a ruidos tan fuertes que no permitan la conversación. Sería ideal reducir el ruido de la maquinaria pesada con pantallas acústicas o con materiales **absorbentes de ruido**.

INTENSIDADES DE RUIDO

Reloj	**20 dB**												
Motocicleta					**80 dB**								
Walkman					**80 dB**								
Taladro neumático							**90 dB**						
Motosierra									**110 dB**				
Arma de fuego											**130 dB**		
Avión												**+130 dB**	
dB	10	20	30	40	50	60	70	80	90	100	110	120	130 140

Enfermedades de la nariz y de la garganta

Las enfermedades de la nariz y de la garganta son las que normalmente más afectan el sentido del gusto: cuando estamos resfriados, nuestra capacidad para distinguir los sabores es mucho menor que en condiciones normales.

La **faringitis** (inflamación de la faringe) también puede afectar al sentido del gusto. Muchas faringitis se deben al abuso del tabaco o del alcohol, a la contaminación atmosférica o al hecho de frecuentar ambientes con mucho humo.

La **rinitis** (inflamación de la mucosa olfativa o pituitaria) es la enfermedad más habitual de la nariz. Afecta al olfato y, normalmente, se produce por una alergia o un resfriado. Por ejemplo, el polen de algunas plantas, que es inofensivo para la mayoría de las personas, produce una rinitis alérgica en otras.

Principales lesiones del oído

• *Golpes*: un golpe en la oreja (producido por una pelota o por la palma de la mano al dar un bofetón) puede romper el tímpano e incluso los huesecillos del oído medio. De ello puede resultar una sordera de conducción y, también, que el oído duela y sangre. Pequeñas perforaciones de tímpano pueden curarse por ellas mismas, pero por siempre será conveniente la opinión del especialista.

• *Traumatismos craneales*: los golpes en la cabeza sólo producen, en ocasiones, desarreglos en el oído medio que se pueden corregir, pero es bastante común que la conmoción haya afectado al oído interno y que la cóclea haya recibido un daño permanente. Una fractura de cráneo puede perjudicar el oído interno, y las hemorragias correspondientes pueden dañarlo sin remisión.

• *Cuerpos extraños*: los niños pequeños tienden a meterse cosas en los oídos; nunca hay que intentar extraerlas sin recurrir al especialista o al médico de urgencias.

• *Sordera repentina*: en general afecta a un solo oído y las causas, en algunas ocasiones, son difíciles de averiguar. Las formas de tratar este tipo de sordera pueden ser quirúrgicas o externas, con la aplicación de algún tipo de **audífono**, es decir, un aparato electrónico que, aplicado al oído, aumenta la intensidad de los sonidos.

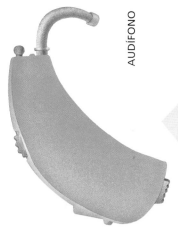

AUDÍFONO

✏ En su juventud, el astrónomo danés Tycho Brahe (1546-1601) se batió en duelo con un compañero de estudios, que le cortó la nariz casi por completo. Brahe llevó durante el resto de su vida una nariz postiza fabricada en plata y oro.

✏ En cada paso que damos imprimimos en el suelo, a través de la suela del zapato, miles de millones de moléculas olorosas de ácido butírico, que un perro puede rastrear fácilmente.

El aparato reproductor

Una de las funciones más importantes que tienen los seres vivos es su capacidad de reproducirse, o sea, de generar nuevas vidas e individuos de su misma especie para renovarla o perpetuarla.

Como ser vivo que es, también el cuerpo humano ejerce esta función. La ejerce de forma permanente en todas y cada una de sus células y también en su conjunto, como un todo, engendrando otros cuerpos humanos.

En el ser humano la reproducción es bisexual, es decir, se necesita el concurso de los sexos, el masculino y el femenino. Tanto el hombre como la mujer están dotados de un conjunto de órganos, e incluso sistemas diferentes, cuya única función es mantenerse aptos para su reproducción.

La preparación y el correcto funcionamiento de estos órganos condicionará siempre que su misión reproductiva pueda ser llevada a cabo sin problemas y con el éxito apetecido.

La primera fecundación *in vitro* se realizó el 24 de julio de 1978. Louise Brown es el nombre de la primera «niña probeta», cuya madre es estéril por una malformación de las trompas de Falopio.

Nuestros genes, toda una herencia

La célula sexual masculina (espermatozoide) y la célula sexual femenina (óvulo) tienen 23 cromosomas cada una. En el momento de la fecundación, con estos cromosomas, tanto del padre como de la madre, el nuevo ser recibe entre 50 000 y 100 000 genes o **factores de la herencia.**

Estos genes definen los caracteres que hacen que una persona sea diferente e irrepetible a otra, aunque el nuevo ser humano guarda, en mayor o menor grado, cierto parecido con sus progenitores. Como los genes que recibe el nuevo ser proceden a partes iguales del padre y de la madre, los hijos se parecen, generalmente, a uno y a otro; también pueden tener rasgos de antepasados más o menos lejanos.

Hay unos genes que dominan sobre otros. A los primeros se les llama genes de **carácter dominante**, y a los segundos, de **carácter recesivo**, ya que no llegan a manifestarse cuando sobre ellos prevalece un gen de carácter dominante.

El síndrome de Down es una de las alteraciones genéticas más conocidas: en este caso, el nuevo ser humano se forma con 47 cromosomas, en lugar de los 46 (23 del padre y 23 de la madre) habituales en el género humano.

GEN DOMINANTE	GEN RECESIVO
Cara oval alargada	Cara redondeada
Pelo negro	Pelo rubio
Piel morena	Piel blanca

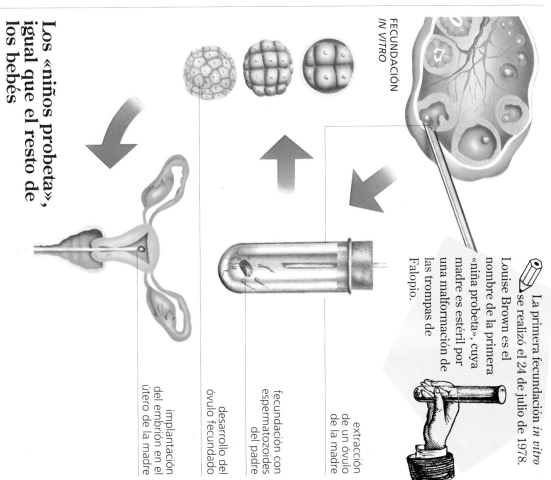

FECUNDACIÓN *IN VITRO*

extracción de un óvulo de la madre

fecundación con espermatozoides del padre

desarrollo del óvulo fecundado

implantación del embrión en el útero de la madre

Los «niños probeta», igual que el resto de los bebés

Los «niños probeta» se forman como los demás bebés, es decir, en el útero de la madre. La diferencia radica en que aquellos se han fecundado en un tubo de ensayo y no en el interior de la madre. Esta técnica de fecundación se denomina *in vitro*: consiste en extraer un óvulo maduro del ovario de la madre e introducirlo en un tubo de ensayo junto con los espermatozoides del padre. En el tubo de ensayo se reproducen artificialmente todas las condiciones ambientales (temperatura, humedad, luz, etc.) del útero materno. Una vez que el espermatozoide fecunda el óvulo, se crea el zigoto o huevo y este comienza a dividirse, el embrión se trasplanta al útero materno.

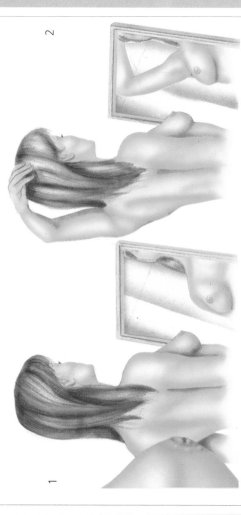

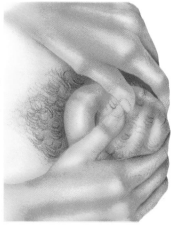

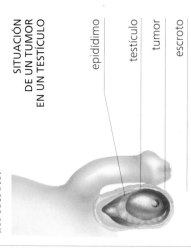

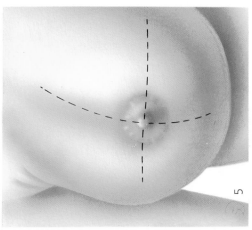

¿Sabías que…

…es posible determinar el sexo de un fósil?

Los paleoantropólogos disponen de ciertos criterios generales para determinar el sexo del individuo al que perteneció una pieza fósil hallada; por ejemplo, los huesos de los machos suelen ser más grandes y pesados que los de las hembras, y la tarea es muy fácil si se localiza una pelvis, ya que sus características son completamente diferentes.

Sin embargo, el problema surge cuando los fragmetos encontrados no son suficientes para despejar la incógnita. En los últimos años se ha descubierto que un fragmento de tibia o un hueso de la espinilla puede servir para determinar el sexo de ocho de cada diez fósiles. En concreto, se ha comprobado la correspondencia entre el sexo y la medida de la circunferencia del hueso a la altura del llamado «foramen nutricio» (un tercio por debajo de la rodilla).

Autoexamen de las mamas

En las mujeres, el **cáncer de mama** es el más frecuente. Este tipo de enfermedad se puede curar, en muchos casos, si se detecta y se trata a tiempo. Por ello, si eres mujer, es muy aconsejable que aprendas a examinar tus mamas y lo hagas con regularidad, una vez al mes, para apreciar cualquier cambio. Si descubres un bulto o cualquier alteración, consulta al médico, pero no tengas miedo, ya que el 90 % de los bultos en las mamas no son cancerosos.

La autoexploración de las mamas ha de efectuarse al finalizar la menstruación: controla un posible aumento de tamaño, la formación de hoyuelos, los cambios en el pezón (tamaño, configuración o color), inflamaciones en la parte superior del brazo o de la axila, manchas o secreción de líquidos en el pezón.

- Colócate delante de un espejo grande, con los brazos caídos a ambos lados del cuerpo. Analiza detenidamente el aspecto, tamaño y contorno de cada mama. Levántalas y observa su parte inferior (1).

- Levanta un brazo y, después, el otro, y observa el contorno. Alza luego los dos brazos a la vez y comprueba que ambos pezones se desplacen hacia arriba y a la misma altura (2).

- Acuéstate en posición relajada. Para examinar la mama derecha, coloca la mano derecha detrás de la cabeza, y con la punta de los dedos de la mano izquierda palpa el pecho, haciendo una suave presión desde la axila, por la parte inferior del pecho, hasta el centro del tórax. Cruza la mitad superior del pecho y, finalmente, crúzalo por el centro pasando por el pezón (3).

- Examina la axila y la clavícula para detectar posibles bultos o inflamaciones. Repite la operación antes descrita con la mama izquierda y utilizando la mano derecha (4).

- Para palpar toda la mama y detectar posibles cambios te puede servir de ayuda dividir cada pecho en cuatro cuartos imaginarios, con el pezón en el centro (5).

Autoexamen de los testículos

Los hombres cuya edad sea inferior a los 40 años deberían examinar sus testículos por lo menos una vez al mes. A pesar de que el cáncer de testículo es uno de los más frecuentes en el hombre, las posibilidades de curación alcanzan el 90 %.

Examina tus testículos moviéndolos entre los pulgares y los restantes dedos, y consulta al médico si notas cualquier bulto, hinchazón o ulceración del escroto.

SITUACIÓN
DE UN TUMOR
EN UN TESTÍCULO

epidídimo

testículo

tumor

escroto

El frotis cervical, una prueba necesaria

Un frotis cervical detecta cualquier alteración o cambio en el cérvix o cuello del útero. Estas anomalías precancerosas o **displasias** se tratan con facilidad y evitan el desarrollo del cáncer. En numerosas ocasiones, la displasia no necesita tratamiento y desaparece en un breve período, pero las consecuencias pueden ser graves si la displasia permanece y no se descubre y trata a tiempo. La prueba del frotis cervical o **test de Papanicolau** se considera que, desde su aplicación hace 40 años, ha salvado miles de vidas.

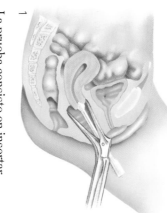

1

La prueba consiste en insertar suavemente un espéculo por la vagina para mantenerla abierta y facilitar el examen del ginecólogo; a continuación, con una espátula se recoge una muestra de las células de la superficie del cérvix (1). Esta muestra se coloca sobre un portaobjetos de cristal y se

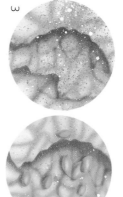

2

cubre con un fijador para enviarla al laboratorio de análisis (2). Finalmente, la muestra se analiza a través de un microscopio para detectar posibles anomalías (3).
Es aconsejable someterse al primer frotis a los seis meses de iniciar la primera relación sexual. Un año más tarde se deberá repetir la prueba y, después, bastará realizarla cada tres años.

3

Si en la prueba del frotis se descubren algunas células anormales, se realizan otros exámenes: se visualiza el cérvix con un **colposcopio** (un microscopio de alta potencia y con luz propia) o se efectúa una **biopsia**.

Dolores menstruales

Algunas mujeres sufren fuertes dolores durante la menstruación, causados por cambios hormonales; para aliviar el dolor, el ginecólogo suele recetar antiinflamatorios. En ocasiones, los dolores menstruales se tratan con anticonceptivos por vía oral, ya que ayudan a regular el nivel hormonal. Los dolores también pueden deberse a inflamaciones de la pelvis o del endometrio (membrana uterina).

Síndrome premenstrual

Irritabilidad, tensión, depresión, fatiga o dolor de espalda son algunos síntomas del llamado síndrome premenstrual que sufren algunas mujeres dos semanas antes de tener la regla. La causa exacta se desconoce. Puedes combatir el síndrome premenstrual con la ingestión de vitaminas, como la vitamina B₆, y la práctica de ejercicios aeróbicos o natación. Anota los días en que tienes la regla y los síntomas premenstruales, durante unos tres meses, para comprobar si se repiten.

🖉 Se cree que un 2-3 % de los defectos congénitos se deben a diversas causas originadas por medicamentos o sustancias químicas ingeridas por la madre y transmitidas al feto.

🖉 La escasez de ácido fólico, una vitamina del grupo B, incide en la formación de la espina bífida.

¿Qué es la menstruación?

Cada 28 días, generalmente, las mujeres en edad fértil tienen la menstruación o **regla**. Este proceso comienza cuando un óvulo es expulsado de uno de los dos ovarios y pasa por la trompa de Falopio hasta el útero. Durante la ovulación, se segrega una hormona, la **progesterona**, que prepara la membrana uterina para recibir un zigoto en el caso de que uno de los espermatozoides haya fecundado al óvulo. Si el óvulo no ha sido fecundado, se detiene la producción de progesterona y la membrana se desprende del útero; a la vez, se produce la rotura de algunos vasos sanguíneos. Finalmente, el óvulo es expulsado al exterior, por la vagina, junto con restos de membrana del útero y cierta cantidad de sangre. Este proceso dura cuatro o cinco días y, después, se reinicia el ciclo con la maduración de un nuevo óvulo.
La menstruación comienza entre los 9 y los 16 años y continúa hasta aproximadamente los 50 años, cuando llega la **menopausia**, interrumpiéndose durante los períodos de embarazo. Es conveniente que anotes en tu agenda la fecha de inicio de cada ciclo menstrual y que prestes atención a la cantidad de sangre perdida.

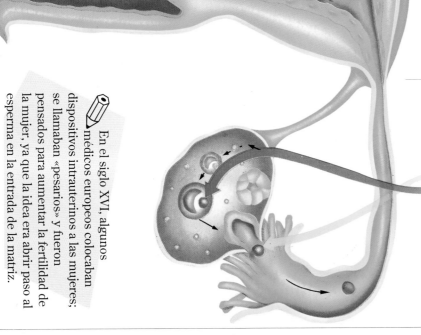

🖉 En el siglo XVI, algunos médicos europeos colocaban dispositivos intrauterinos a las mujeres; se llamaban «pesarios» y fueron pensados para aumentar la fertilidad de la mujer, ya que la idea era abrir paso al esperma en la entrada de la matriz.

Los métodos anticonceptivos

Existen diferentes métodos anticonceptivos, cada uno con sus ventajas e inconvenientes, según cada caso particular. Los métodos anticonceptivos permiten un control sobre la natalidad, realizar una planificación familiar y disfrutar del acto sexual sin temor al embarazo. Los distintos métodos anticonceptivos se pueden agrupar en dos tipos: los de **barrera**, que evitan que el espermatozoide llegue al óvulo, como los condones (barrera física) o el espermicida (barrera química), y los **hormonales**, aquellos que evitan la ovulación, como por ejemplo la píldora. Además, hay dos métodos permanentes para las personas que no desean tener más hijos: la esterilización (en mujeres) y la vasectomía (en hombres).

• *La píldora* es el método anticonceptivo más utilizado por las mujeres. La píldora anticonceptiva contiene dos hormonas sexuales (estrógeno y progesterona) que alteran la mucosidad del cuello de la matriz, rechazando el esperma. Además, interrumpen la maduración del óvulo, y en caso que este fuera fecundado, se expulsaría al exterior automáticamente. No es aconsejable este método para mujeres mayores de 35 años, fumadoras, diabéticas, hipertensas o con antecedentes de trastornos cardíacos en su historial clínico familiar.

PÍLDORAS ANTICONCEPTIVAS

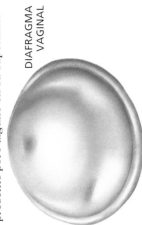

• *El condón* o preservativo masculino es una barrera que evita que los espermatozoides lleguen al óvulo y lo fecunden. Hay diferentes tipos de condones: el más común consiste en una funda de fina goma o látex, generalmente lubricada, que se coloca, a modo de vaina, sobre el pene en erección, antes de la penetración. El condón no tiene efectos

secundarios y posee la ventaja añadida de prevenir el contagio de enfermedades contraídas por tansmisión sexual, como el sida. Antes de colocárselo es importante comprobar que el preservativo no haya caducado ni presente poro alguno en su superficie.

DIAFRAGMA VAGINAL

• *El diafragma vaginal* responde al mismo principio que el condón: es un método femenino de barrera que evita el contacto entre los espermatozoides y el óvulo. Consiste en una cápsula de goma fina que se coloca sobre la pared frontal de la vagina y cubre por completo el cuello del útero.

• *El dispositivo intrauterino (DIU)* Este método anticonceptivo era utilizado mayoritariamente, hasta hace unos años, por mujeres que ya habían tenido hijos. En la actualidad, su uso se ha extendido entre todas las mujeres. El DIU lo coloca el ginecólogo dentro del útero y, una vez allí, produce una reacción inflamatoria en la membrana uterina que paraliza la implantación de un óvulo fecundado. Este método anticonceptivo puede durar unos dos años sin perder eficacia.

DISPOSITIVOS INTRAUTERINOS

INYECTABLES

• *Anticonceptivos inyectables.* Este tipo de anticonceptivos se basa en una hormona de progesterona sintética cuyo efecto dura unos tres meses. Sin embargo, presenta efectos secundarios, como menstruaciones muy fuertes e irregulares o aumento de peso.

• *La vasectomía* es un método permanente practicado a los hombres que no desean ya tener más hijos.
Consiste en atar y cortar los dos conductos que llevan los espermatozoides desde los testículos al pene; para ello se necesita una sencilla intervención quirúrgica en la que es suficiente una anestesia local. A veces, la vasectomía puede ser reversible

si se vuelven a unir los conductos. Este método no afecta a la virilidad del hombre.

• *La esterilización* es, para la mujer, lo que la vasectomía para el hombre. Es decir, evita que la mujer pueda tener hijos de forma permanente. Consiste en obstruir o cortar las trompas de Falopio, los conductos que transportan el óvulo desde el ovario hasta el útero. Se aplican diferentes técnicas (ligamento de las trompas, esterilización laparoscópica, etc), la mayoría irreversibles, ya que no se pueden volver a unir las trompas. La minilaparotomía es una nueva técnica reversible que se basa en colocar una pinza en las trompas de Falopio.

• *La «marcha atrás» o coitus interruptus* es el más antiguo sistema contraceptivo, pero todavía muy practicado por gran número de parejas. Se trata de que el hombre retire el pene de la vagina justo antes de eyacular; de esta forma, se intenta evitar que los espermatozoides penetren en los órganos sexuales de la mujer. Este método a la larga no suele ser eficaz, ya que depende absolutamente del autocontrol y habilidad del hombre, y por lo tanto solo es recomendable cuando no se dispone de otro método anticonceptivo. Además, suele detener el placer sexual.

• *Los métodos naturales.* Este tipo de métodos se basa en evitar las relaciones sexuales durante el tiempo que dura la ovulación, que es el momento más fértil de la mujer. La ovulación origina un incremento de la temperatura y una alteración en el flujo vaginal, cambios que han de registrarse y anotarse durante varios meses (diariamente, cada mañana) para determinar la fecha de la ovulación.
Existen diferentes variantes: el **método de Ogino**, el de la **temperatura basal** y el **método del flujo**, basado en el cambio de consistencia del flujo uterino. Los métodos naturales no presentan efectos secundarios, pero las relaciones sexuales con coito quedan limitadas a unos días determinados. Además, las mujeres con ciclos irregulares no pueden seguirlos con facilidad.

CONDONES O PRESERVATIVOS

¿Qué son las enfermedades venéreas?

Las enfermedades venéreas se transmiten generalmente por contacto sexual con una persona que padece la infección, como la sífilis y la gonorrea, pero existen otras infecciones no contraídas necesariamente por contacto sexual directo. En el cuadro de la página siguiente se presenta una selección de estas enfermedades con información sobre las mismas.

ENFERMEDADES DE TRANSMISIÓN SEXUAL

Enfermedad	Puntos donde ataca		Gérmen	Importancia de la relación sexual en su transmisión	Existen otros medios de transmisión	Frecuencia	Tiempo de incubación	Sintomatología	Tratamiento
	Hombre	Mujer							
CANDIDIASIS			Candida albicans	Baja	Sí	Alta	2 - 5 días	Aumento del flujo vaginal. Pérdidas espesas que provocan picor. Dolor vulvo-perimetral.	Medicación fungicida local. Nistatina, clotrimazol, miconazol.
CONDILOMAS O VEGETACIONES VENÉREAS			Papilomavirus (PVH)	Media	Sí	Alta	1 - 20 meses	En el hombre, tumoraciones verrugosas en el prepucio con secreción uretral con olor. En la mujer, lesiones sobre las paredes vaginales y el cuello del útero.	Podofilino al 20-25%, en solución hidroalcohólica, aplicado localmente. Electrocoagulación con láser y extirpación quirúrgica.
CHANCRO BLANCO			Haemophilus ducreyi	Alta	No	Baja	2 - 14 días	Aparición de una úlcera blanca, cutáneo-mucosa, a veces con aparición de ganglios en la ingle.	Sulfamidas durante 3 a 5 días.
GONOCOCIA O BLENORRAGIA			Neisseria gonorrhoeae	Alta	No	Alta	2 - 7 días	En el hombre, inflamación de la uretra con supuración por el meato uretral que provoca frecuentes deseos de orinar y micción dolorosa. En la mujer, derrame vaginal purulento con dolor y quemación en la micción.	Existen medicamentos específicos muy eficaces contra la primoinfección (aciclovir).
HERPES GENITAL			Virus del herpes simple tipo 2	Alta	Sí	Alta	2 - 12 días	Erupción sobre la vulva o el glande de vesículas muy dolorosas, que se ulceran y cicatrizan muy lentamente. Sensación de quemazón, hinchazón y endurecimiento de la zona afectada. Se acompaña de ganglios en la ingle.	Altas dosis de antibióticos por vía oral o intramuscular.
LINFO-GRANULOMA VENÉREO			Chlamydia trachomatis	Alta	No	Baja	5 - 21 días	En el hombre, uretritis. En la mujer, cervicovaginitis e infección de las trompas de Falopio.	Doxiciclina y clorhidrato de tetraciclina.
PEDICULOSIS			Phthirus pubis (piojo)	Media	Sí	Media	8 - 10 días	Picor y sensación desagradable.	Hexacloruro gamma de benceno al 1%, frotándolo de manera suave y minuciosa sobre las áreas vellosas afectadas.
SARNA			Sarcoptes scabiei (artrópodo)	Media	Sí	Media	2 - 6 semanas	Picor, más intenso por las noches.	Benzoato de bencilo al 25%.
SÍFILIS			Treponema pallidum	Alta	No	Media	9 - 90 días	Ulceración con bordes endurecidos que no cicatriza y se acompaña de ganglios donde se desarrolla.	Inyección intramuscular masiva de antibióticos.
TRICOMONIASIS			Trichoma vaginal	Alta	Sí	Media	4 - 28 días	En el hombre, exsudado uretral. En la mujer, aspecto amarillento verdoso del flujo de las pérdidas abundantes y bastante nauseabundas y escozor en la vulva.	Absorción en una sola vez de una importante dosis de medicamento antiparasitario (metronidazil).
URETRITIS NO GONOCÓCICAS			Chlamydia trachomatis Mycoplasma hominis Ureaplasma urealyticum	Alta	No	Alta	5 - 21 días	Aumento del flujo vaginal con una consistencia y aspecto normales. En el hombre, infección de la uretra, y en la mujer de la vagina, sin causa aparente.	Antibióticos (tetraciclina), administrados durante dos a ocho semanas.
VAGINITIS VAGINOSIS			Gardnerella vaginales. Otros.	Alta	No	Alta	5 - 21 días	Aumento del flujo vaginal con una consistencia y aspecto normales. pH por debajo del 4,5, tomado en los fondos de saco vaginales laterales. Olor vaginal a pescado podrido.	Nitroimidazol.
SIDA			VIH	Media	Sí	Alta	Variable e imprevisible	Aparición de infecciones graves. Disminución de la inmunidad.	No existe un medicamento curativo.

Cómo evitar el riesgo de infección

Una serie de medidas pueden evitar el riesgo de contraer una enfermedad por transmisión sexual. La utilización del **condón** protege del contagio contra la gonorrea y la uretritis, aunque no es efectivo para la sífilis, mientras que el **DIU** parece ser un buen método de protección contra la gonorrea.

Después de mantener relaciones sexuales, es aconsejable orinar y lavarse, ya que así se favorece la expulsión de los gérmenes. De cualquier forma, ante la sospecha de cualquier síntoma, se debe acudir sin demora al especialista. Si se está bajo tratamiento, nunca hay que abandonarlo sin terminarlo: muchas personas creen estar curadas antes de tiempo.

Test de embarazo

El test de embarazo consiste en utilizar ciertos productos químicos que detectan la presencia en la orina de sustancias que el cuerpo sólo produce cuando la mujer está embarazada. En este caso, se forma una especie de anillo marrón oscuro en la **muestra de orina**; si el resultado es negativo, la orina toma una coloración marrón uniforme.

El test de embarazo se realiza dos semanas después de la primera ausencia de menstruación. En las farmacias venden productos preparados para que la mujer pueda confirmar por ella misma, de un modo fácil y fiable, la certeza del embarazo.

Dieta básica de la mujer embarazada

• Escoger siempre **alimentos frescos**, en lugar de elaborados o enlatados.
• Limitar el aumento de peso, durante el embarazo, a 9-13 kg como máximo. Si se sobrepasa esta cifra, se deben eliminar galletas, azúcares, jamón y bebidas dulces.
• Sólo bajo receta médica se deben tomar suplementos vitamínicos en forma de comprimidos.

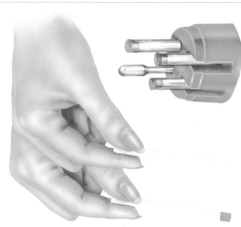

La rubeola, una enfermedad muy peligrosa

La **vacunación** es un buen método de prevención de la rubeola, pero es aconsejable no quedarse embarazada hasta pasados tres meses desde la vacunación. Si una mujer embarazada contrae la rubeola, el feto puede sufrir daños irreparables, en especial durante los cuatro primeros meses de gestación, ya que los órganos del bebé están en fase de desarrollo. La rubeola, una infección causada por un virus, puede llegar a provocar el aborto.

Ventajas del ejercicio físico durante el embarazo

El ejercicio físico moderado es beneficioso para la mujer embarazada porque mejora la condición física de la futura madre, fortalece sus músculos, controla el aumento de peso, facilita la circulación sanguínea y contribuye a disminuir el estrés. Por ejemplo, la **natación** es un deporte idóneo porque el agua soporta el peso del bebé y se puede practicar; incluso, durante los últimos meses de la gestación. En cambio, se deben evitar deportes de equipo, el esquí y la equitación. Los ejercicios aeróbicos y de flexibilidad han de realizarse con precaución, especialmente durante los últimos meses. Al sentir fatiga es aconsejable interrumpir la actividad física.

✎ De cada cinco embarazos se produce como media un aborto durante las primeras 12 semanas.

✎ El feto, cuando se está formando, obtiene el alimento de la madre aunque sea en perjuicio de ella si es necesario, al igual que lo haría un parásito.

Alimentos a evitar durante el embarazo

Numerosas sustancias son potencialmente dañinas durante el embarazo, ya que pueden pasar, a través de la placenta, al flujo sanguíneo del feto:

• *Cafeína*: pasa a la leche materna y provoca irritabilidad en el bebé.

• *Hígado*: es muy rico en vitamina A y la excesiva acumulación de esta puede crear ciertos problemas de salud.

• *Comidas preparadas*: hay que evitarlas o, por lo menos, recalentarlas adecuadamente para asegurarse de que no estén infectadas por microorganismos nocivos.

• *Queso azul*: puede contener bacterias nocivas.

• *Alcohol*: su consumo se debe evitar por completo durante la gestación; poca cantidad es suficiente para causar retraso mental en el feto.

Plantas que curan

La **milenrama** o **aquilea** (*Achillea millefolium*) es la planta más utilizada para el tratamiento natural de los trastornos ginecológicos: no sólo contribuye a detener hemorragias y aliviar los dolores de la menstruación, en especial las reglas espasmódicas, sino que también resulta beneficiosa en el tratamiento de algunos trastornos provocados por la menopausia.

Un baño de cuerpo entero con milenrama es un buen remedio para calmar los dolores espasmódicos de la menstruación: se vierten uno o dos litros de agua hirviendo sobre un puñado de milenrama, se tapa y se deja reposar el extracto unos 10 minutos; luego se añade al agua del baño.

Además de las infusiones de esta planta, también es recomendable la tintura de milenrama (15 gotas, tres veces al día) para evitar que se produzcan espasmos.

MILENRAMA O AQUILEA
(*Achillea millefolium*)

✎ La historia bíblica de Onán, que derramó su semen antes de dejar embarazada a la mujer de su hermano, delata la antigüedad del método de «marcha atrás».

Ejercicios suaves muy recomendables

Existe una serie de ejercicios suaves que ayudan a corregir las malas posturas que podrían causar cansancio y otras molestias, en especial durante el último mes del embarazo.

● *Ejercicio para la pelvis:* arrodillada sobre el suelo, con la espalda en posición horizontal, aprieta los músculos de las nalgas y encoge los abdominales. Luego mueve la pelvis hacia delante mientras exhalas el aire. Mantén esta posición durante algunos instantes.

Una alternativa consiste en apretar los músculos pélvicos, mientras se está orinando, para detener el flujo de la orina. Cuenta hasta cuatro, relájate y repite la acción.

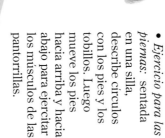

● *Ejercicio para las piernas:* sentada en una silla, describe círculos con los pies y los tobillos. Luego mueve los pies hacia arriba y hacia abajo para ejercitar los músculos de las pantorrillas.

La India fue un país pionero en practicar la vasectomía o esterilización masculina; a Europa llegó esta técnica a principios de los años sesenta.

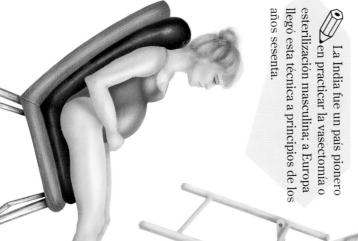

● *Ejercicio para la espalda:* ponte de cuclillas varias veces para fortalecer la espalda y los muslos y aumentar la flexibilidad de la pelvis. Puedes ayudarte de una silla y una alfombra para no forzar los músculos de las pantorrillas.

Aunque el feto se nutre con lo que come la madre, no es necesario «comer para dos». Al estar embarazada, las necesidades energéticas aumentan ligeramente, pero es normal que la futura madre tenga más apetito.

Al sentarse

Al permanecer sentada, la mujer embarazada deberá apoyar toda la espalda en el respaldo de la silla para no cansarse. Además, siempre que sea posible, se levantarán las piernas y se dejarán apoyadas sobre una banqueta o mesita.

Mantén una postura correcta

Es importante mantener una buena postura de pie para evitar que la espalda se resienta por el peso del bebé, intentando no echar el cuerpo hacia delante. También es aconsejable mantener equilibrado el peso entre los talones y las puntas de ambos pies, utilizar los músculos del abdomen y las nalgas, y andar erguida. Las futuras madres no deberían usar zapatos de tacón porque favorecen la tendencia a inclinarse hacia delante.

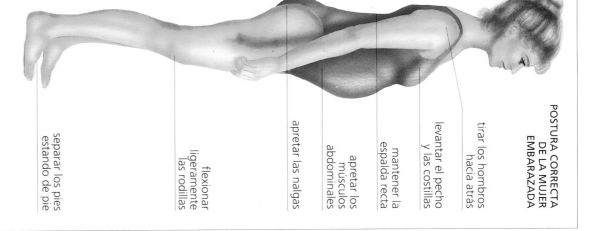

POSTURA CORRECTA DE LA MUJER EMBARAZADA

tirar los hombros hacia atrás

levantar el pecho y las costillas

mantener la espalda recta

apretar los músculos abdominales

apretar las nalgas

flexionar ligeramente las rodillas

separar los pies estando de pie

Preparándose para el parto

Existen una serie de **ejercicios especiales** que ayudan a preparar el cuerpo de la futura madre para el parto. Hay ejercicios concretos que son muy útiles porque fortalecen y flexibilizan los músculos que trabajan más activamente en el momento de dar a luz. Además, son aconsejables las técnicas de relajación, positivas tanto durante el embarazo como en el momento del parto.

En la actualidad, numerosas mujeres embarazadas acuden a clases donde se aprenden estas técnicas y se practica gimnasia especializada, además de dar información e impartir consejos. Es importante que la pareja acompañe a la futura madre en estas clases, sobre todo si se trata del primer hijo.

Después del parto...

Al igual que hay ejercicios que preparan el cuerpo de la futura madre para dar a luz, existe la **gimnasia posparto**, que ayuda a la madre a recuperarse. Durante las primeras semanas se debe caminar despacio y no hacer movimientos que requieran excesiva flexibilidad porque los ligamentos se pueden desgarrar.

Parece ser que los antiguos egipcios fueron los primeros en utilizar algún tipo de preservativo. En el siglo XVI existían ya en Europa preservativos de hilo que llegaron a hacerse muy populares en los dos siglos siguientes.

• *Ejercicio de cadera y pelvis:* acostada de espalda, con las rodillas dobladas y los pies apoyados en el suelo, inhala aire y levanta las caderas. A continuación, exhala y mantén la postura durante unos segundos. Baja las caderas con suavidad, vuelve a inhalar y repite el ejercicio.

Un millón de mujeres en edad fértil, llevando una actividad sexual regular y sin usar anticonceptivo alguno, produciría unos 600 000 niños al año, 53 de los cuales provocarían la muerte de la madre durante el embarazo o el parto.

Están en estudio nuevos métodos anticonceptivos, como un anillo vaginal que contiene progesterona sintética, un condón femenino y parches cutáneos.

• *Estiramiento de hombros:* une las manos detrás de la espalda, con un codo hacia arriba y otro hacia abajo. Mantén esta posición unos segundos y repite el ejercicio cambiando el movimiento de los codos. Luego intenta juntar la palma de las manos por la espalda, flexionando los codos hacia atrás.

Si se unieran todos los tubos de los dos testículos de un hombre, alcanzarían una longitud de 1,6 km.

Qué hacer ante un parto de emergencia

Los síntomas del parto inminente son dolores en la parte baja de la espalda, **contracciones regulares** en el bajo abdomen, expulsión de mucosidad y sangre y, en ocasiones, rotura de aguas. Si en el momento de la aparición de estos dolores no hay asistencia médica, mientras esta llega, la madre debe descansar de costado y con las piernas encogidas. A medida que pasa el tiempo, las contracciones son más dolorosas y frecuentes.

La segunda fase del parto, que culmina con el nacimiento del bebé, puede tener una duración variable. Si no es posible disponer de asistencia médica o esta no puede llegar a tiempo, la persona que ayude a la madre deberá limpiarse meticulosamente las manos (en especial, las uñas). La madre se echará de espaldas y se procurará que mantenga las rodillas levantadas, sin que los talones toquen el suelo. En el momento del nacimiento, se sostiene la cabeza del bebé a medida que este va saliendo (1); luego se le coge por los tobillos, con la cabeza hacia abajo, para que expulse las mucosidades de la nariz y de la boca (2). Después del parto, hay que esperar 10 minutos antes de hacer dos nudos en el **cordón umbilical** y cortar entre los mismos (3). La placenta se suele expulsar espontáneamente después de unos 10 minutos o quizá más tiempo.

3

2

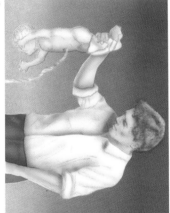

1

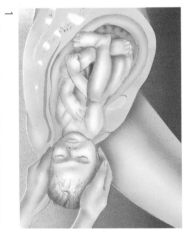

La depresión

Otro síntoma de la menopausia es la depresión. En la mayoría de los casos, las depresiones son sólo **crisis ligeras**, aunque la mujer experimenta un gran sufrimiento. Se manifiesta con ganas de llorar, pasividad, irritabilidad o pesimismo. Es difícil saber si la depresión la causan estrictamente los cambios físicos que provoca la menopausia o bien se debe a **problemas psíquicos** de la edad madura. Este estado de ánimo se puede combatir practicando ejercicio con regularidad, llevando una alimentación sana y manteniendo el peso adecuado. Puede ser también el momento de cambiar el trabajo por uno más satisfactorio.

Sofocaciones

Las sofocaciones son uno de los síntomas más comunes durante la menopausia, en especial los **sudores nocturnos**, que producen insomnio e impiden un correcto descanso, con la irritabilidad y cansancio que ello provoca. Estos ataques de calor se intensifican con el consumo de bebidas alcohólicas, comidas picantes y exceso de café o té. Una terapia de hormonas sintéticas puede ser una solución para los sudores nocturnos. Según los casos se recetan también tranquilizantes suaves, e incluso las sofocaciones se calman, a veces, con **placebos** (pastillas sin preparado químico alguno).

La menopausia y sus síntomas

La menopausia supone que la mujer ha dejado de tener la menstruación y, por lo tanto, no se puede quedar embarazada; es el momento en que los ovarios producen menos estrógeno y dejan de ovular. La menopausia puede llegar entre los 35 y los 55 años, aunque en general sucede aproximadamente a los 50 años. Antes de la retirada completa de la menstruación, hay un período más o menos largo (dos o tres años) en que se altera la frecuencia de la regla. Durante este tiempo, la mayoría de las mujeres padecen una serie de síntomas debido a la reducción del nivel de la hormona femenina, el estrógeno, en el organismo. Los más comunes son sofocaciones, depresión, sequedad vaginal, insomnio, escozores en la piel, dolores y palpitaciones.

Estos trastornos pueden ser constantes o aparecer, desaparecer durante un tiempo y aparecer de nuevo. Al cabo de dos o tres años la mujer estabiliza su organismo frente a la nueva situación y estas molestias desaparecen definitivamente.

Las hormonas sintéticas

En algunos casos durante la menopausia, se aplican **hormonas sintéticas** para compensar la falta de hormonas femeninas (estrógenos). Esta terapia a base de hormonas ayuda a reducir los síntomas de la menopausia, en especial las sofocaciones y la sequedad vaginal. Además, si se aplica el tratamiento con la suficiente antelación, se reduce la incidencia de la **osteoporosis** y el desarrollo de enfermedades cardiovasculares. No hay unanimidad en la comunidad científica sobre esta terapia: algunos médicos discrepan sobre la conveniencia o no de un tratamiento hormonal porque sus efectos, a largo plazo, se desconocen.

Las hormonas sintéticas pueden administrarse de diversas maneras:

- *Cremas y ungüentos*: lubrican la superficie vaginal y evitan su sequedad.
- *Pastillas*: a base de estrógeno, es la forma más común de administrar las hormonas.
- *Parches de estrógeno*: se aplican sobre diferentes puntos de la piel y deben renovarse cada tres días.
- *Implantes*: se colocan bajo la piel del abdomen y se disuelven paulatinamente durante seis meses.

79

El sistema endocrino

Para que nuestro organismo pueda desarrollar satisfactoriamente determinadas funciones, precisa de un conjunto de sustancias que permitan que diferentes órganos y sistemas puedan llevar a cabo la función para la cual fueron creados.

Cada una de las diferentes glándulas que tiene el cuerpo humano segrega una sustancia que tiene una misión y un destino concreto. Se trata de sustancias que arrancan todo un engranaje y lo mantienen en perfecto orden. Todas ellas tienen una misión específica y autónoma y de ellas dependen aspectos tan importantes como el equilibrio de los componentes de la sangre (hipófisis), el crecimiento y desarrollo de la persona humana (tiroides), la energía de los músculos para movernos (páncreas), el equilibrio del calcio y del fósforo (paratiroides), el funcionamiento del corazón (suprarrenales), el equilibrio del aparato sexual y todo el proceso de reproducción (ovarios y testículos), etc.

Los temas que vamos a tratar en este apartado ayudarán a mantener en forma estas glándulas.

Las hormonas también fallan

Un individuo sano produce exclusivamente la cantidad justa de hormonas que el organismo necesita. Sin embargo, cuando existen alteraciones orgánicas (por un tumor, por infecciones o por un exceso de estrés), la producción hormonal se ve aumentada o disminuida. Se habla entonces de **hiperfunción** si la secreción es excesiva, y de **hipofunción** si está por debajo de lo normal. Evidentemente, se trata de estados patológicos y, por tanto, deben tratarse como verdaderas enfermedades. Cuanto más fuerte sea la cantidad de una determinada hormona circulando por la sangre, más fuerte será el efecto que produce. En caso necesario, se administran hormonas sintéticas para sustituir a las naturales con el objeto de mantener el buen funcionamiento del organismo.

Enfermedades por hipofunción

- *Diabetes mellitus:* se debe a la escasez de insulina pancreática, que conduce a una elevación del nivel de glucosa en la sangre (de 2 a 4 g por litro). También existe la **diabetes insípida,** una deficiencia de la hormona vasopresina que provoca la excreción de grandes cantidades de orina.

- *Cretinismo:* la hipofunción de la tiroides en la infancia produce baja estatura, falta de desarrollo de los genitales, obesidad y deficiencia mental.

- *Enanismo hipofisario:* se produce como consecuencia de la escasa elaboración de la hormona de crecimiento segregada por la hipófisis. El resultado son unas dimensiones físicas por debajo de las proporciones normales de la edad adulta, pero el nivel de inteligencia es normal.

- *Enfermedad de Addison:* la ocasiona una hipofunción de la corteza de las glándulas suprarrenales. Los síntomas son: debilidad muscular, tensión arterial baja y gran pigmentación en algunas áreas del cuerpo.

Enfermedades por hiperfunción

- *Bocio exoftálmico:* producido por la hiperfunción de la glándula tiroides, se manifiesta por el aumento de volumen que experimenta y por la excesiva salida hacia fuera de los ojos en las órbitas oculares. También aumenta el metabolismo, se producen taquicardias, pérdida de peso, excesiva sudoración, etc.

- *Gigantismo hipofisario:* el exceso de desarrollo de la hipófisis durante el periodo de desarrollo del individuo produce **acromegalia,** es decir, el crecimiento desproporcionado de las zonas extremas del cuerpo: pies, grandes labios, mentón prominente, cráneo exageradamente ovoidal, etc.

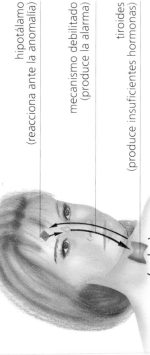

PRODUCCIÓN
DE
HORMONAS

hipotálamo
(controla los niveles de las
hormonas de la sangre)

glándula pituitaria
(regula la producción en
caso necesario)

tiroides
(produce las hormonas
con normalidad)

PRODUCCIÓN NORMAL

hipotálamo
(reacciona ante la anomalía)

mecanismo negativo
(disminuye la producción)

tiroides
(produce excesivas hormonas)

PRODUCCIÓN EXCESIVA

hipotálamo
(reacciona ante la anomalía)

mecanismo debilitado
(produce la alarma)

tiroides
(produce insuficientes hormonas)

PRODUCCIÓN INSUFICIENTE

Síntomas de un trastorno hormonal

Los síntomas relacionados con un trastorno hormonal son muy variados y reflejan la gran diversificación de funciones controladas por las hormonas. Sin embargo, su detección es sencilla, ya que existe la posibilidad de averiguar, mediante un análisis, el nivel de hormonas en la sangre.

Los síntomas más comunes son: fatiga, sed, producción excesiva de orina, maduración sexual lenta o prematura, exceso de peso, ansiedad y cambios en el aspecto o pigmentación de la piel. Ante cualquiera de estos síntomas se hace imprescindible la consulta al médico.

La palabra *diabetes*, que en griego significa *corres a través*, la introdujo Areteo de Capadocia en el siglo II aC, aunque sus síntomas ya aparecen descritos en el llamado papiro de Ebbers, de 3 500 años de antigüedad.

La diabetes azucarada, el trastorno hormonal más común

La diabetes azucarada o mellitus es una enfermedad que, descubierta a tiempo y tratada convenientemente, se puede controlar. Su causa radica en la baja secreción pancreática de **insulina**, la hormona que el organismo necesita para metabolizar los azúcares (glucosa). Cuando la formación de insulina es insuficiente, la sangre y los tejidos se ven invadidos por un exceso de glucosa.

Existen dos tipos principales de diabetes mellitus:

• *Diabetes insulinodependiente (tipo I)*: suele afectar a personas menores de 30 años y se inicia bruscamente; se trata mediante inyecciones periódicas de insulina.

• *Diabetes no insulinodependiente (tipo II)*: suele afectar a personas mayores de 40 años, preferentemente obesas, ya que la multiplicación de las células en la obesidad reduce el número de moléculas de insulina disponibles para cada célula.

El tratamiento diabético de tipo II consiste, en esencia, en guardar un régimen equilibrado, con el contenido justo de hidratos de carbono, proteínas y grasas. Entre los alimentos «prohibidos» figuran el pan, las patatas, el arroz, las pastas, las galletas, las uvas, los higos, etc.

El proceso de crecimiento

El cuerpo humano no es una unidad estática que permanezca inalterada durante toda la vida, sino que la actividad celular es constante en lo que se refiere al crecimiento de los huesos, las uñas, el pelo, etc. En este proceso, el sistema endocrino ejerce una básica función de coordinación, la alteración de la cual genera diversos trastornos (gigantismo, cretinismo...) que afectan al normal crecimiento del ser humano.

En la adolescencia, el sistema hormonal se manifiesta en toda su intensidad, ya que es el período durante el cual el chico o la chica se convierten en hombre o en mujer. Los cambios físicos producidos conforman la **pubertad**; normalmente, las chicas la inician a los 10-12 años, y los chicos algo después, entre los 12-14 años. La pubertad empieza con la producción de hormonas de la glándula pituitaria que avisan al organismo del comienzo del proceso de transformación del cuerpo infantil en adulto. Los cambios se manifiestan, básicamente, en la menstruación y en la aparición de vello.

Celulitis: ¿trastorno hormonal?

La celulitis (dolencia que ya se ha tratado en el capítulo correspondiente al aparato digestivo) no tiene un origen exclusivamente hormonal, sino que depende en mayor medida de la complexión corporal y de la dieta alimenticia. Se basa simplemente en la **acumulación de grasa** en determinadas zonas del cuerpo; afecta sobre todo a las mujeres y suele depositarse en las caderas, los muslos y las nalgas.

ZONAS DEL CUERPO HUMANO DONDE SE SUELE ACUMULAR LA GRASA

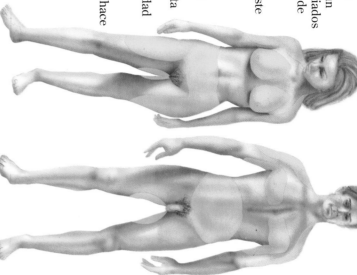

¿Sabías que...

...las palomas mensajeras se guían gracias a una glándula?

Las palomas mensajeras son uno de los animales más poderosos; pueden alcanzar velocidades de 180 km/h y recorrer volando, en un solo día, la distancia que separa Madrid de París, incluso no sabe de ejemplares que se han encontrado el camino de vuelta después de haberlas soltado a 10 000 km de distancia.

A lo largo de los tiempos, el secreto de las palomas mensajeras ha cautivado a los seres humanos que se servían de ellas, y fruto de la observación y la experimentación, se han elaborado diversas teorías para explicar el fenómeno.

La teoría más aceptada actualmente es que las palomas se orientan a través de las líneas de fuerza del campo magnético de la Tierra. La glándula pineal, del tamaño de un piñón y alojada en la parte frontal de la cabeza de las palomas, actúa como un receptor magnético muy sensible. En esta glándula se «almacenan» las coordenadas correspondientes al palomar, y la paloma, en su vuelo, va leyendo en estas líneas de fuerza hasta encontrar las de su casa.

Además, se ha podido observar como durante las tormentas, en las cuales los campos magnéticos se alteran, las palomas pierden totalmente su sentido de la orientación.

La pubertad, manifestación hormonal

La primera señal de la pubertad suele ser el crecimiento del pecho y de los pezones; más tarde comienza el crecimiento del vello de las axilas y del pubis. Se inicia la **menstruación** y, con ella, un crecimiento acelerado. A los 15 años, generalmente, las mujeres han tenido ya su primera **regla**: estos primeros periodos suelen ser irregulares y de duración variable. En todo caso, es aconsejable acudir al médico si a los 16 años no has tenido la menstruación.

El chico suele crecer con mayor rapidez a los 15 años hasta cumplir los 18, pero los huesos siguen ensanchándose hasta los 20 años de edad. Su madurez sexual es variable, y a los 14 años, los genitales pueden estar completamente desarrollados o seguir siendo infantiles.

CAMBIOS HORMONALES

EDAD (aprox.)	CHICA	CHICO
11	Crecimiento rápido Aumento de peso Se desarrollan las mamas	Crece el vello púbico Crecen los testículos
12	Primera menstruación Crece el vello axilar Se activan las glándulas sudoríparas	Aumento de peso y estatura Ensanchamiento corporal Cambia la voz
14	Aumentan los depósitos de grasa en caderas y muslos Se ensanchan las caderas Menstruación regular	Se oscurece la piel del escroto Crece el pene Se espesa el vello púbico Primeros afeitados
17		

El «dilema» del acné

Si eres adolescente, es posible que sufras granos en la piel debido a la existencia de un elevado nivel de hormonas andrógenas durante la pubertad. Estos granos se forman cuando la **sustancia grasa** segregada por las glándulas sebáceas bloquea el folículo piloso; entonces, las bacterias quedan encerradas y se multiplican. El folículo enrojece, se inflama y se llena de pus en ocasiones.

Este trastorno se puede controlar con una higiene adecuada: lávate la cara con agua y jabón para eliminar toda la grasa superflua y aplícate alguna pomada que te haya recetado el dermatólogo con este fin.

ACNÉ

grano lleno de pus

inflamación

sebo

glándula sebácea

folículo piloso

El inevitable proceso de envejecimiento

El envejecimiento representa un cambio en las capacidades físicas y mentales, aunque esto no es sinónimo de sufrir enfermedades o poseer menos vitalidad, que se puede paliar con una alimentación sana, ejercicio físico regular e interés por la vida.

Con el paso de los años es inevitable que los tejidos se vuelvan menos elásticos, la piel se arrugue y las articulaciones no conserven la misma flexibilidad. Además, la pérdida de neuronas afecta a la capacidad intelectual, el corazón se vuelve más débil y los pulmones reducen su capacidad.

Todos estos cambios están relacionados con las alteraciones que, lógicamente, también padece el sistema endocrino. Por ejemplo, en las mujeres, la menor producción de estrógeno después de la **menopausia** favorece la pérdida de consistencia ósea; de esta manera, se van desarrollando espacios vacíos en el tejido óseo **(osteoporosis)**, donde previamente se hallaban las proteínas y el calcio, aumentando el riesgo de fracturas.

HUESO VIEJO

pérdida de consistencia del hueso duro y denso

pérdida de consistencia del hueso suave y esponjoso

HUESO JOVEN

hueso duro y denso

hueso suave y esponjoso

Plantas que curan

En el año 1969, los científicos europeos descubrieron que el extracto de una planta oriental, añadido a células humanas en cultivo, prolongaba su vida, preservándolas más allá del tiempo normal. Naturalmente, esto llevó a más experimentos y, en poco tiempo, el mundo científico llegó a saber mucho acerca de dicha planta o raíz que, con el nombre botánico de *Ginseng panax* (del griego *panaxos*, «el que lo cura todo»), en los años setenta ya estaba de moda como tónico para prolongar la vida, a pesar de que su empleo empezó hace más de 7 000 años.

En efecto, la farmacopea china se refiere al **ginseng** como una panacea para toda clase de enfermedades. Sus aplicaciones se han ampliado tanto que, actualmente, se pueden preparar más de 300 recetas distintas. Para los chinos es la medicina «por excelencia», que toman masticando la raíz, en infusiones o en maceración.

El análisis del ginseng presenta una gran complejidad de elementos, entre los cuales destacan las saponinas, unas sustancias que estimulan y aumentan las respuestas hormonales del organismo. Por ello, actúan sobre todo el cuerpo, donde más falta hace su ayuda, y no solamente sobre un órgano o sistema determinado.

GINSENG

(Ginseng panax)

✏️ La endocrinología, la ciencia que estudia la producción de hormonas, es relativamente nueva, ya que la mayor parte de este conocimiento se ha acumulado en los últimos 35 años.

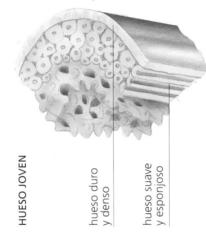

El sistema inmunológico

E xisten muchos elementos y agentes externos, como los virus, que amenazan y atacan el cuerpo humano y le crean un conjunto de peligros que pueden llegar a constituir una seria amenaza incluso para su existencia.

Entre las funciones que tienen diferentes órganos de nuestro organismo hay la de crear mecanismos de defensa directos e indirectos para prevenir o defenderse de estos ataques exteriores.

Pero también en la vida cotidiana nuestras actividades nos pueden comportar pequeños accidentes que conviene contrarrestrar con una cura adecuada o tomando las medidas pertinentes para evitarlos. Una pequeña herida mal curada puede dar paso a una infección de considerables dimensiones.

El presente apartado va dedicado a algunos de estos temas, haciendo hincapié sobre todo en aquellos cuya gravedad y frecuencia constituyen un problema serio que es preciso que las personas de nuestro tiempo tengan muy en cuenta.

¿Qué es el sida?

El medio en que vivimos está lleno de microbios (virus, bacterias, hongos y parásitos), a menudo peligrosos y potencialmente capaces de atacar al organismo. Este se defiende de los agresores gracias al sistema inmunitario y, concretamente, a los linfocitos T (que atacan directamente a los invasores) y B (que producen anticuerpos contra el microbio).

El sida (síndrome de inmunodeficiencia adquirida) es una enfermedad debida a la destrucción progresiva del sistema de defensa por el **virus de inmunodeficiencia humana** (VIH), que destruye los linfocitos T4 y paraliza las defensas del organismo, lo que expone al enfermo a infecciones y cánceres.

El primer virus responsable del sida que se aisló fue el **VIH 1**, una partícula extremadamente pequeña (1/10 000 mm). Está formada por una cubierta de proteínas y lípidos que envuelve la molécula de ARN portadora del código genético del virus. Un segundo virus, **VIH 2**, se aisló posteriormente a partir de un foco de sida existente en el oeste de África; es de la misma familia que el VIH 1 y produce la misma enfermedad, pero presenta algunas diferencias en las proteínas de la cubierta.

Como los otros virus, el VIH, cuyas características genéticas se inscriben en los genes formados por ARN, sólo puede vivir en el interior de una célula, el código genético de la cual se compone de moléculas de ADN. Estos dos programas, ARN y ADN, no son compatibles; por esta razón, el virus ha de transformar su código genético ARN en un código ADN, y lo realiza gracias a un enzima, la **transcriptasa inversa,** que el virus del sida precisamente posee.

EL VIRUS DEL SIDA

cubierta de proteínas y lípidos

ARN

transcriptasa inversa

El origen del virus

• *VIH 1:* es el virus más importante en relación con el sida. Su código genético está demasiado alejado del código genético del VIH 2 para pensar que este pueda derivar de aquel por simple mutación. Es posible que provenga de un virus presente en el **chimpancé.** El VIH 1 existe desde hace tiempo en algunas poblaciones humanas aisladas, que lo toleraban relativamente bien.

• *VIH 2:* es un pariente cercano a los virus de los **simios africanos.** La hipótesis más probable sería el paso más o menos antiguo de este virus entre el simio, su especie receptora que lo toleraría relativamente bien, y el hombre, un nuevo huésped para este virus y que no estaría preparado para recibirlo. La transmisión del VIH 2 es más difícil y provoca la enfermedad con menor frecuencia y más lentitud.

¿Por qué esta brutal emergencia del sida?

Este fenómeno no se ha explicado completamente, pero se han avanzado diversas hipótesis.

Una de ellas es la hipótesis de la **mutación,** que comportaría un aumento del poder patógeno del virus. Es poco probable que se debiera haberse producido simultáneamente en dos virus (VIH 1 y VIH 2), con códigos genéticos algo alejados.

Se puede eliminar la hipótesis de un virus **fabricado artificialmente por el hombre,** ya que la tecnología de los años setenta, cuando ocurrieron los primeros casos de infección, no permitía realizar manipulaciones genéticas. Queda la hipótesis de **cambios debidos al estilo de vida,** que habrían permitido la diseminación, y quizá mayor activación, de un virus circunscrito en un lugar aislado:

• Gran intensificación de los viajes, que favorecerían su propagación mundial.
• Liberalización de las costumbres sexuales.
• Accesibilidad generalizada a la transfusión y distribución de productos sanguíneos.
• Práctica de compartir agujas y jeringuillas entre los usuarios de productos inyectables.
• En África, las migraciones de población hacia las ciudades, la inyección de medicamentos en condiciones no estériles, y la debida higiene en la curación de lesiones genitales.

✎ Tras un periodo de 10 años, se estima que un 60 % de personas seropositivas habrán desarrollado la enfermedad, un 20 % presentará síntomas menores y otro 20 % no desarrollará tipo alguno de síntomas.

¿Cómo evoluciona el virus del sida?

El virus del sida, el VIH, entra en la circulación sanguínea (1) y se adhiere al linfocito T4 (2). Entonces, la pared del virus se abre y deja al descubierto el ARN vírico (3), que se transcribe en ADN, se introduce en el núcleo del linfocito y pasa a formar parte del código genético de la célula (4).

A partir de ese momento, el VIH puede evolucionar de dos formas:

- El virus se queda «dormido» (5) y la célula T4 infectada continúa viviendo normalmente. La infección persiste sin que el enfermo, que recibe el nombre de **seropositivo**, presente síntomas. Estas células pueden transmitirse (por la sangre y las secreciones sexuales) a otras personas e infectarlas.

- El virus deviene **activo** (6) y se reproduce en la célula hasta que esta se rompe y libera numerosos virus que infectarán a otros linfocitos T4. Cuando se ha destruido una cantidad importante de células T4, las defensas inmunitarias del organismo se encuentran debilitadas, por lo que el riesgo de aparición de síntomas del sida es muy elevado.

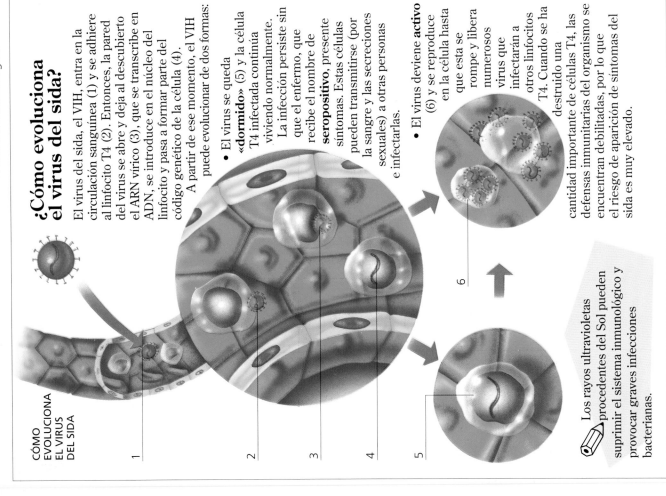

1
2
3
4
5
6

Los rayos ultravioletas procedentes del Sol pueden suprimir el sistema inmunológico y provocar graves infecciones bacterianas.

Transmisión del virus del sida

El sida es una enfermedad transmisible, pero sólo por unos medios bien identificados: las **secreciones sexuales** y la **sangre**.

- *Transmisión sexual:* las relaciones sexuales, tanto si son heterosexuales como homosexuales, pueden transmitir el virus del sida. La fragilidad natural de las **mucosas genitales** (sobre todo la mucosa rectal) hace que estas, a menudo, presenten lesiones e inflamaciones microscópicas. La contaminación se realiza a través de estas lesiones producidas durante la penetración, las cuales permiten el contacto del virus contenido en el esperma o las secreciones vaginales con el flujo sanguíneo o los linfocitos del receptor. Por el contrario, **no** hay transmisión a través de los **besos**, excepto si existe una lesión en la boca del receptor.

- *Transmisión por la sangre:* la posibilidad de transmisión a través de **transfusiones** e inyecciones de productos sanguíneos es, en la actualidad, excepcional debido a la prueba obligatoria de detección de anticuerpos en todas las donaciones de sangre. Sin embargo, no se puede descartar totalmente (1 de cada 200 000 unidades de sangre), ya que un donante recién infectado puede dar un resultado analítico negativo.

Las **jeringuillas y agujas** contaminadas pueden transmitir el virus si se comparten, por lo que el sida es una enfermedad muy extendida entre las personas drogodependientes. La transmisión también puede producirse durante el **embarazo**, a través de la placenta, o durante el parto; una mujer seropositiva tiene un 20-50 % de posibilidades de dar a luz a un hijo infectado. Después del nacimiento, también la **lactancia** materna es una fuente potencial de contaminación.

No existe una respuesta al hecho de que algunas personas seropositivas desarrollen la enfermedad y otras no, aunque se cree que ello depende de predisposiciones personales y de infecciones reincidentes que estimularían el sistema inmunitario.

CÓMO SE DISTRIBUYEN LOS CASOS DE SIDA	
Según el origen del contagio	
Relaciones homosexuales o bixesuales	56%
Drogas inyectables	21%
Compartir agujas y jeringuillas	5%
Relaciones heterosexuales	7%
Sangre y productos sanguíneos	6%
Causa indeterminada	5%
Según el sexo de los afectados	
Hombres	85%
Mujeres	15%

Situaciones en que no se transmite el virus del sida

- Dar un beso o un apretón de manos.
- Compartir la comida o la bebida y los cubiertos.
- Utilizar los servicios, duchas, piscinas, gimnasios, teléfonos o fuentes públicas.
- Compartir el lugar de trabajo.
- Visitar un hospital o acudir al médico.
- Recibir a los amigos.
- Manipular billetes o monedas.
- Compartir la ropa interior.
- Tocar el pomo de una puerta.
- Coger los transportes públicos.
- Acudir a la escuela junto con niños seropositivos.

En definitiva, hay que tener muy claro que los contactos de la vida cotidiana no transmiten el sida, así como la donación de sangre, ya que el material empleado se esteriliza y se desecha después de cada uso.

Tampoco se transmite el virus si se adoptan algunas precauciones de higiene elemental en ciertas situaciones, por ejemplo, al utilizar agujas de acupuntura o instrumentos de cuidado dental, manicura, hojas de afeitar y tijeras, o al perforarse las orejas.

Los animales domésticos tampoco son portadores del virus del sida y, por tanto, no pueden transmitirlo.

El 70 % de las personas que padecen eccema alérgico tienen un pariente cercano que también sufre un trastorno de tipo alérgico.

Comportamientos de riesgo

La prevención es el único medio eficaz de lucha contra la propagación del sida, ya que se trata de una enfermedad ligada al **comportamiento** (sexual y uso compartido de agujas y jeringuillas). Sólo un cambio en esta conducta puede proteger y limitar el mal, en espera del tratamiento y la vacuna.

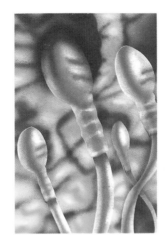

- *Prevención de la transmisión sexual:* reduciendo el número de compañeros sexuales disminuye el riesgo de exponerse al contagio, pero tener un único compañero habitual infectado representa un riesgo elevado. Si se escoge tener relaciones sexuales con penetración anal o vaginal, conviene utilizar siempre un preservativo bien lubricado.

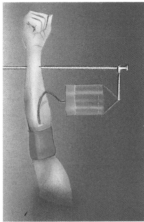

- *Prevención de la transmisión por el uso compartido de jeringuillas:* la transmisión del virus del sida es una razón más para evitar inyectarse drogas o dejar de drogarse. En cualquier caso, es imprescindible no compartir nunca las jeringuillas ni las agujas y desechar las ya utilizadas.

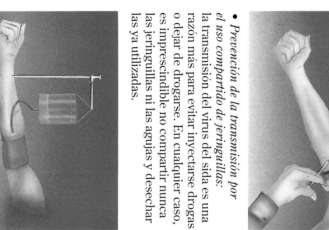

- *Prevención de la transmisión por transfusión sanguínea:* hoy en día, la sangre se analiza y el riesgo de transmisión del VIH es muy bajo, aunque no se puede considerar nulo.

- *Prevención de la transmisión de la madre infectada al feto:* todas las mujeres que creen que puedan estar infectadas deberían consultar al médico antes de concebir un hijo, o tan pronto como sea posible si el embarazo ya se ha iniciado.

Atención a las infecciones especiales

Cualquier herida, aunque sea insignificante, puede ser la puerta de entrada de microbios. Así, cualquier persona herida y no vacunada contra el tétanos debe ser visitada por un médico, sobre todo cuando la herida se ha producido en presencia de excrementos, herrumbre o polvo. Existen dos tipos de infecciones que, por sus características, se consideran especiales:

- *Abscesos:* cuando se forma una bolsa de **pus** debajo de la piel, lo que provoca punzadas muy dolorosas.

- *Furúnculos:* infección de la piel localizada en la raíz de un pelo. Nunca se debe apretar o estrujar un furúnculo, ya que ello podría provocar una infección generalizada.

📝 Un equipo de científicos franceses ha encontrado una molécula en la piel del plátano que parece capaz de oponerse a la entrada del VIH en las células, ya que contiene un ácido susceptible de bloquear el virus.

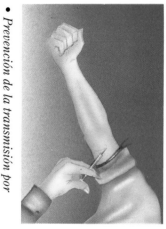

Reacciones alérgicas

Los trastornos alérgicos son sumamente frecuentes, y sus síntomas (nariz moqueante, ojos irritados, tos seca, escozor de la piel...) pueden iniciarse por contacto, por inhalación o por ingestión del agente causante. A partir de ese momento, la exposición continuada empeora rápidamente los síntomas.

En general, una misma familia sufre reacciones alérgicas idénticas enfermedades alérgicas, de lo que se infiere la existencia de algún factor genético relacionado.

Las principales sustancias que provocan las reacciones alérgicas son el polen, la piel de ciertos animales, las plumas y los ácaros domésticos. Respecto a los alimentos, las alergias más frecuentes las producen los huevos, el marisco y el gluten de trigo.

Además del análisis de sangre, para el diagnóstico de las alergias, a veces difícil, se efectúan pruebas cutáneas: se impregnan una serie de parches con cada una de las sustancias potencialmente causantes de la alergia y se fijan sobre la piel de la espalda; luego se retiran los parches y las sustancias que provocan alergia dejan la superficie de la piel roja e inflamada. Esta prueba, sin embargo, no es infalible.

¿Sabías que...
...el veneno de la tarántula no es necesariamente mortal?

A pesar de las leyendas que corren en torno a la picadura de la tarántula, la verdad es que el veneno de esta araña sólo es verdaderamente mortal para los insectos de los que se alimenta. Fue en Europa, en los siglos XI y XII, cuando las historias y los casos de picaduras por arañas proliferaron como hongos, y fue también en la Edad Media cuando aparecieron las primeras referencias de la tarántula (*Lycosa tarentula*) y su fama como artrópodo venenoso. Los síntomas que se atribuían a esta araña peluda eran de los más variopintos: insomnio, llantos, convulsiones, alucinaciones.

Su nombre científico hace referencia a la ciudad de Taranto, en el sur de Italia, en cuyas cercanías fue descrita la araña. Los habitantes de la localidad hacían bailar a los «atarantados» una danza frenética, la tanatela, que de esta forma se liberase el mal al sudar. Al ritmo que marcan las castañuelas y el tambor, los envenenados danzan frenéticamente hasta caer exhaustos, con las ropas empapadas de sudor.

Evita el contagio

Llamamos contagio a la transmisión de una enfermedad. Este procedimiento es **directo** cuando se produce por contacto físico, por ejemplo, a través de las manos sucias o al haber tocado objetos contaminados. Por tanto, lávate las manos a menudo, sobre todo antes de las comidas.

El contagio puede propagarse también por vía **indirecta**, esto es, a través del aire (al hablar, toser, estornudar...), el agua, los alimentos, ciertos objetos contaminados (ropa, pañuelos...) e insectos.

Contra esto, la medicina lucha de dos formas: la prevención y la curación. Es la prevención el mejor método y el que se apoya, en principio, en la **higiene personal**: por tanto, observa un escrupuloso manejo de los alimentos, asegúrate de la potabilidad del agua si es necesario (por ejemplo, con dos gotas de lejía por litro) y deja hervir los alimentos un mínimo de cinco minutos.

La lucha contra la infección microbiana

Las enfermedades infecciosas se combaten con medios preventivos, antes de que se produzca la infección, o tratándolas con medios curativos, una vez se han producido.

CÓMO COMBATIR LAS ENFERMEDADES INFECCIOSAS

MEDIOS PREVENTIVOS	CARACTERÍSTICAS
Higiene	Lavados con agua y jabón
Asepsia	Aplicación de antisépticos (p. ej. agua oxigenada)
Esterilización	Exposición al calor (120-180 °C)
Vacunación	Inoculación de preparados artificiales de gérmenes para no contraer la enfermedad
Sueroterapia	Inoculación de preparados (sueros) con anticuerpos para evitar el desarrollo de la enfermedad

MEDIOS CURATIVOS	CARACTERÍSTICAS
Antibióticos	Producidos por microorganismos vivos
Quimioterápicos	Obtenidos por síntesis química

La famosa gripe

Durante siglos, la gripe ha sido una enfermedad muy peligrosa, e incluso hoy puede revestir cierta importancia, ya que las epidemias aparecen súbitamente, se propagan con rapidez y se transmiten por vía respiratoria. El período de incubación suele durar de uno a tres días, y los virus se fijan en las mucosas de la garganta, la nariz y la tráquea, extendiéndose posteriormente por todo el cuerpo.

La prevención de la gripe no es fácil, ya que el virus cambia de año en año, obligando a variar también las **vacunas**. Una vez aparecidos los síntomas, el mejor tratamiento es el reposo en cama, la administración de un analgésico y un antipirético (si aparece fiebre), y la ingestión de vitamina C.

Recientemente han empezado a comercializarse unas gafas antipolen para prevenir la rinitis alérgica. La clave del efecto saludable de estas gafas radica en una pequeña bomba que se lleva en la cintura y propulsa aire a través de unos orificios de la montura.

La tuberculosis, una enfermedad controlada

En la actualidad, la tuberculosis no es la plaga que antaño minaba la sociedad. Existen diversas formas, y la más frecuente es la **tuberculosis pulmonar** (90 % de los casos).

En esta enfermedad, el llamado **bacilo de Koch** destruye el tejido pulmonar y provoca la existencia de prominencias (tubérculos) y cavidades (cavernas). En otros tiempos se consideraba que la tuberculosis se curaba sólo con una dieta adecuada, reposo y aire puro en un sanatorio. Aunque estos factores pueden favorecer la recuperación, el tratamiento eficaz actual se basa en la administración de cierto tipo de fármacos (isoniacida, estreptomicina, etc.); la hospitalización no suele ser necesaria.

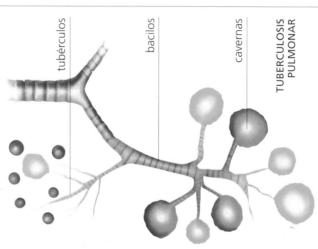

tubérculos

bacilos

cavernas

TUBERCULOSIS PULMONAR

Plantas que curan

EQUINÁCEA
(Equinacea purpurea)
(Equinacea angustifolia)

En fitoterapia se utilizan una serie de plantas medicinales que sirven especialmente para fortalecer las funciones del sistema inmunitario. En este campo, la planta más conocida es la **equinácea** (*Echinacea angustifolia*).

Gracias a una serie de experimentos animales y numerosos estudios clínicos se ha logrado demostrar que el extracto de la planta fresca hace aumentar la capacidad de reacción de los glóbulos blancos. De esta forma se puede prevenir la aparición de una enfermedad o, cuando menos, reducir considerablemente su duración o debilitar la intensidad de los síntomas.

Cuando uno note que está a punto de tener un resfriado o una gripe, tomar tintura de equinácea como tratamiento de base produce un estímulo inmunitario natural. Incluso es mejor preparar el organismo antes de vérselas con la enfermedad: con efectos preventivos, es suficiente tomar 20 gotas de tintura en medio vaso de agua, tres veces al día.

Este remedio también es útil en viajes largos y cuando el organismo ha de soportar falta de sueño y cambios horarios, climáticos y de temperatura, circunstancias en las cuales es fácil pillar un resfriado.

¿Cómo se puede ayudar al organismo?

Para ayudar al organismo en su lucha contra los microbios se emplean los procedimientos siguientes:

• *Vacunación:* consiste en introducir en el organismo, a través de una herida provocada o con una inyección, los microbios patógenos que producen las enfermedades, pero debilitados o muertos; así se origina la enfermedad, muy atenuada. El cuerpo reacciona, produce anticuerpos y queda inmunizado. La vacunación es una **defensa activa** que se aplica a los individuos sanos.

• *Sueroterapia:* consiste en introducir en el organismo enfermo los anticuerpos correspondientes a la enfermedad para neutralizar los efectos del germen patógeno. Es una **defensa pasiva**, ya que el suero se obtiene de la sangre de otros animales a los que se ha inyectado la enfermedad.

Hasta el 90 % de las personas afectadas de sida manifiestan problemas neurológicos más o menos graves en el transcurso de la enfermedad. Los síntomas son variados e incluyen pérdida de memoria, falta de coordinación, disminución de la agudeza visual y comportamiento psicótico.

El cuidado de los enfermos

El descanso favorece la lucha del sistema inmunitario del organismo contra las células invasoras y facilita el proceso natural de reparación de los tejidos dañados. Además, los enfermos deberían ingerir los mismos alimentos que en estado normal, con excepción de los alimentos grasos y fritos. Sólo es necesaria una dieta especial por prescripción médica o cuando se presentan diarreas y vómitos, en cuyo caso se administrarán zumos de fruta y agua (sobre todo si aparece fiebre).
Las enfermedades de larga duración suelen ocasionar aburrimiento y malestar en el paciente. En ocasiones aparecen **llagas** debido a que el peso del cuerpo interrumpe la afluencia de sangre a zonas de la piel que permanecen en contacto con la cama. En ese caso será de utilidad un apoyo para la espalda o una almohada triangular para que la postura resulte más cómoda.

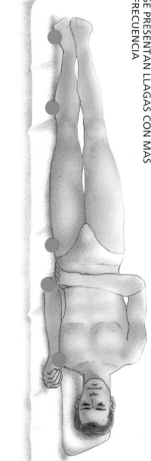

ZONAS DEL CUERPO DE ENFERMOS QUE PERMANECEN EN CAMA DONDE SE PRESENTAN LLAGAS CON MÁS FRECUENCIA

El botiquín de primeros auxilios

Los botiquines ya preparados se pueden conseguir fácilmente, pero resulta sencillo hacérselo uno mismo y, a menudo, es más económico. La caja debe estar marcada de manera clara e instalada en un lugar de fácil acceso, aunque fuera del alcance de los niños más pequeños.
Un botiquín de primeros auxilios bien equipado, es decir, adecuado para el tratamiento rápido de la mayor parte de daños producidos en casa, debe contener estos elementos:

• Gasa y algodón estériles.
• Vendajes y apósitos ya cortados (tiritas).
• Soluciones antisépticas (alcohol, agua oxigenada).
• Vendas de gasa.
• Vendas triangulares (para cabestrillos).
• Esparadrapo (ancho: 2,5 cm y 4 cm).
• Crema antiséptica (para cortes y arañazos).
• Mercromina o tintura de yodo.
• Crema antihistamínica (para quemaduras y picaduras).
• Pastillas analgésicas (para dolores leves).
• Tabletas contra la acidez de estómago.
• Tabletas contra el mareo.
• Pinzas, tijeras afiladas, imperdibles y termómetro.

Vigila la caducidad de los medicamentos

Los medicamentos no duran eternamente y, con el paso del tiempo, pueden perder su eficacia o volverse tóxicos. Desecha siempre los siguientes medicamentos (en la farmacia encontrarás el depósito adecuado para tirarlos):

• Fármacos con fecha de caducidad pasada.
• Pastillas rotas, con grietas o decoloradas.
• Pomadas endurecidas o decoloradas.
• Tubos rotos o agrietados.
• Líquidos espesados o decolorados.
• Frascos de colirio abiertos hace más de un mes.

Además, ten siempre la precaución de cerrar bien la tapa de cualquier medicamento, y no los expongas nunca a la acción de la luz solar.

Apéndice

Después del recorrido que hemos hecho por las diferentes partes del cuerpo humano y de haber apuntado un conjunto de cuidados, advertencias y consejos que, sin duda, nos ayudarán a mantenerlo en buen funcionamiento, vamos a dedicar este apéndice a una serie de temas que no afectan exclusivamente a una parte de nuestro cuerpo sino a muchas, o, incluso a todas. Lo que tratamos aquí pensamos que debe ser objeto de nuestra atención y más aún hoy en día que las formas de vida del hombre moderno han puesto a la persona humana

en situaciones y circunstancias en las cuales en realidad aquello que se anuncia como valores positivos o los eslógans publicitarios o de marketing muchas veces bien poco tienen que ver con lo que debiera ser un estado de bienestar. Es, por lo tanto, imprescindible prestar atención a estos apartados y, en definitiva, colocar en un lugar preeminente todo aquello que afecte a la salud y a la calidad de vida. De bien poco servirían los adelantos que la sociedad actual ha experimentado, si todo ello no contribuyera a que las personas vivan más años y mejor.

Seguridad en el hogar

La seguridad afecta a todos

Es un fallo muy corriente pensar que los accidentes sólo les ocurren a los demás, pero la verdad es que nadie está completamente libre de riesgo. Sin embargo, tener conciencia de los peligros cotidianos y tomar las debidas precauciones son dos normas esenciales para disminuir este riesgo. El tipo de riesgo no es el mismo para todos los miembros de la familia. En especial, los niños, los ancianos y los disminuidos físicos y psíquicos son más propensos a los accidentes que otro grupo de personas. No se trata de vivir superprotegido, sino de adoptar unas sencillas precauciones y tener unos conocimientos elementales de primeros auxilios que harán que la mayor parte de los hogares se vean libres de accidentes graves.

Por cada accidente mortal se dan unos 150 accidentes no mortales producidos en casa y que requieren tratamiento hospitalario.

ALGUNAS ZONAS DE PELIGRO EN UNA VIVIENDA

Cuarto de baño

Las causas más corrientes de accidentes en el cuarto de baño son las **caídas** y las **descargas eléctricas**. La electricidad y el agua forman una combinación potencialmente mortal, por lo que toda persona mojada ha de evitar el contacto con un objeto eléctrico activo. Máquinas de afeitar eléctricas, secadores de pelo, etc., deben manejarse desde enchufes individuales aislados

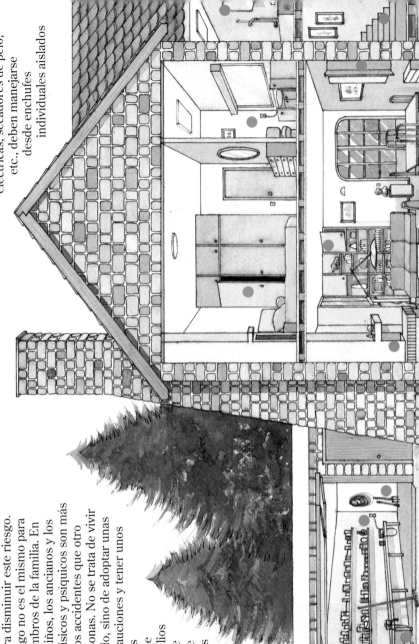

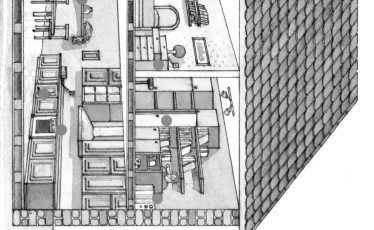

y no desde enchufes adaptadores con salidas múltiples. Los enchufes eléctricos defectuosos o dañados son extremadamente peligrosos en el cuarto de baño.

Los **calentadores** de agua a base de gas han de mantenerse en buen estado mediante revisiones regulares y disponer de una ventilación adecuada.

Las **esteras de baño** deben poseer una base antideslizante.

Ancianos y niños son especialmente propensos a quemaduras y escaldaduras, por lo que hay que tomar todas las precauciones posibles a fin de que no entren en la bañera accidentalmente con **agua muy caliente**.

Los **medicamentos** se guardan a menudo en el cuarto de baño, por lo que es esencial que estén donde los niños no puedan alcanzarlos. Deben estar claramente etiquetados, ya que los ancianos suelen tener una vista defectuosa y podrían equivocarse de medicamento; además, las personas mayores también acostumbran a padecer rigidez en las articulaciones: unos asideros estratégicamente colocados en el cuarto de baño les harán sentirse más seguros.

Seguridad en el jardín

Numerosos accidentes domésticos tienen lugar en el jardín. A menos que se esté acostumbrado a la actividad física, existe el riesgo de padecer tensión en la espalda, desgarro muscular o ataque cardíaco, pero además los útiles de jardinería también entrañan peligro. Por ejemplo, una **segadora de césped** eléctrica se ha de manejar con mucho cuidado. No se ha de utilizar cuando llueve o la hierba está mojada. El cable ha de tener un color vistoso para que la segadora no pase por encima de él y lo corte. Tampoco se ha de tirar nunca de la segadora hacia nosotros mientras permanece en funcionamiento.

Las **tijeras de jardín** es preferible no dejarlas olvidadas en el suelo, así como las demás herramientas de jardinería; se deben guardar siempre con las hojas en posición cerrada.

De las **vallas** no han de sobresalir clavos ni astillas, y si es posible, es mejor tapar los estanques cuando no se utilicen, ya que los niños muy pequeños pueden ahogarse en sólo 7 cm de agua.

Otro de los peligros del jardín es la posible infección de cualquier **herida** o **rasguño**, aunque parezca insignificante, pues existe la posibilidad de contraer el tétanos. Se ha de tratar enseguida cualquier lesión con el desinfectante adecuado.

¡Atención a la escalera!

Las escaleras siempre constituyen un peligro para personas de cualquier edad, pero en especial para los muy ancianos y los muy pequeños. Las **alfombras** de la escalera deben fijarse de manera segura para evitar su deslizamiento, y todos los agujeros o trozos desgastados deben repararse de inmediato para que nadie pueda tropezar y caer.

También es importante mantener la escalera limpia de objetos dispersos, como los **juguetes**, que se pueden convertir en «patines de ruedas» para cualquiera que los pise. Las **barandillas** deben fijarse fuertemente. No han de tener aberturas demasiado espaciadas para evitar que un niño pueda pasar entre ellas y caer por el hueco de la escalera. Además, las escaleras deben estar **bien iluminadas**, al igual que los escalones entre habitaciones contiguas.

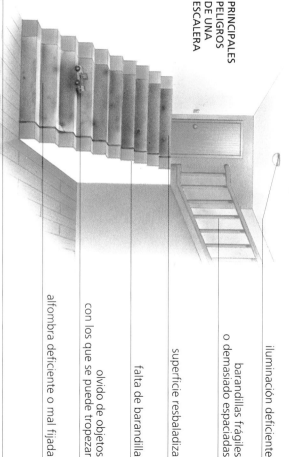

PRINCIPALES
PELIGROS
DE UNA
ESCALERA

iluminación deficiente

barandillas frágiles
o demasiado espaciadas

superficie resbaladiza

falta de barandilla

olvido de objetos
con los que se puede tropezar

alfombra deficiente o mal fijada

También la sala de estar

Gran parte del tiempo dedicado al descanso transcurre en la sala de estar, que suele ser la habitación cálida y cómodamente amueblada de la casa, pero también aquí existen peligros. En la sala de estar se encuentran diversos **aparatos eléctricos**: el televisor, la cadena de música, las lámparas, etc. Es muy importante tener un número suficiente de enchufes de pared, con cables del grosor adecuado y toma de tierra. Se ha de evitar la sobreconexión de enchufes múltiples y que los **cables** estén por el suelo, pues es muy fácil tropezar con ellos. Si existe **chimenea**, debe asegurarse que el fuego esté adecuadamente aislado; una estufa de gas o una estufa eléctrica con las resistencias al descubierto deben protegerse con un guardafuego de malla fina.

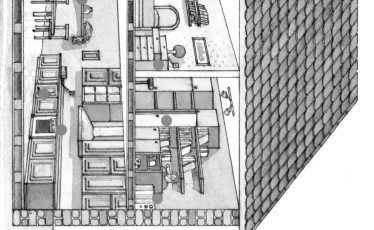
y no desde enchufes adaptadores con salidas múltiples. Los enchufes eléctricos defectuosos o dañados son extremadamente peligrosos en el cuarto de baño.

En los Estados Unidos, unos 16 millones de personas sufren lesiones en su casa o cerca de ella; se calcula que entre 600 000 y 1 millón de estas lesiones las provocan los juguetes u otros productos para niños.

El riesgo de incendio

De todos los peligros domésticos, el más serio es el del incendio. Una pequeña llamarada en una sartén, un enchufe con el cable en malas condiciones, e incluso el cigarrillo que se deja encendido en el borde de un cenicero, pueden convertirse rápidamente en un incendio de grandes proporciones.

Para que se produzca fuego se necesita calor, combustible y oxígeno, por lo que todos los extintores funcionan sobre el principio de eliminar uno de estos elementos:

• *Extintores de espuma*: se usan para líquidos inflamables (gasolina, pinturas, etc.). La espuma se arroja contra la pared que haya detrás del fuego, de modo que el chorro se vea interrumpido y la espuma pueda extenderse por la superficie del líquido en llamas.

• *Extintores de polvo*: son ideales para las sartenes encendidas; si no se dispone de extintor, se pueden sofocar las llamas con una tapadera que encaje bien o con una toalla húmeda.

• *Extintores de dióxido de carbono (CO_2)*: se emplean para incendios de origen eléctrico; el chorro se dirige directamente a las llamas, moviendo la boquilla de uno a otro lado.

• *Extintores de agua*: son adecuados para todos los fuegos excepto aquellos en los que se vea envuelto equipo eléctrico activo o líquido inflamable. El chorro se lanza a la base del fuego, de un lado para otro.

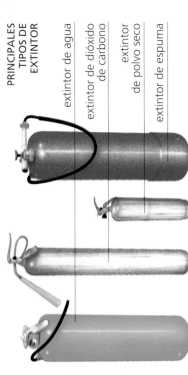

PRINCIPALES TIPOS DE EXTINTOR

extintor de agua

extintor de dióxido de carbono

extintor de polvo seco

extintor de espuma

De viaje

Preparativos para las vacaciones

Las enfermedades y los accidentes pueden estropear unas vacaciones; por tanto es aconsejable que, en lo posible, adoptes una serie de precauciones previas que minimicen la posibilidad de riesgo: seguros de enfermedad y accidente, vacunas imprescindibles o recomendables, medidas de higiene, botiquín de emergencia, climatología, husos horarios, etc.

Botiquín

Puedes adquirir un botiquín de primeros auxilios en la farmacia o bien preparar uno utilizando una caja de plástico hermética, que se ha de mantener fuera del alcance de los niños.

En los viajes a países con deficientes condiciones higiénicas pueden ser útiles las tabletas contra la diarrea, las pastillas contra el mareo, antihistamínicos, crema antiséptica, loción de calamina, repelente de insectos, laxantes, analgésicos, imperdibles, vendas, tiritas, gasas esterilizadas, tijeras, termómetro y pinzas.

En muchos países también resultará conveniente llevar jeringuillas de un solo uso, agujas hipodérmicas estériles y, si es necesario, preservativos, con lo que se reducirá el riesgo de contraer hepatitis o sida. Si has de ponerte una inyección en estos lugares, para mayor tranquilidad, procura que sea con una jeringuilla de las tuyas.

Vacunas y medicamentos

La estancia en países extranjeros donde los niveles de higiene y el clima son diferentes puede perjudicar la salud. Además de vacunarte adecuadamente, según la zona que vayas a visitar, y de adoptar las medidas de higiene imprescindibles, es aconsejable que si tomas medicamentos sujetos a regulaciones aduaneras o limitaciones de uso en el país que vayas a visitar, lleves una carta del médico que explique tus circunstancias personales.

Se ha de procurar llevar suficiente cantidad de medicamento para todo el viaje, pues en múltiples países no estará asegurado el suministro del mismo. Si tienes problemas de salud, resulta conveniente consultar con el médico la conveniencia de emprender el viaje.

VACUNAS PARA VIAJES INTERNACIONALES		
VACUNA	**RAZONES PARA VACUNARSE**	**MÉTODO Y EFICACIA**
Fiebre amarilla	Obligatoria para entrar en algunos países y recomendable para visitar zonas endémicas de África, América del Sur y América Central.	Una sola inyección proporciona al viajero casi el 100% de protección durante al menos 10 años.
Tifus	Recomendada para todas las personas que viajen a cualquier país fuera de Estados Unidos, Canadá, Europa, Australia y Nueva Zelanda y que no se hayan vacunado o hayan recibido una dosis de recuerdo en los últimos 5 años.	Dos inyecciones administradas con un intervalo de 4 semanas le proporcionan una protección moderada o buena unos 5 años. Después es necesaria una dosis de recuerdo.
Cólera	Obligatoria a veces para entrar en algunos países de Asia y África durante brotes epidémicos.	Dos inyecciones administradas con un intervalo de 14 a 28 días proporcionan una protección moderada durante 6 meses, después de los cuales es necesaria una inyección de recuerdo.
Poliomielitis	Recomendada para todas las personas vacunadas en la niñez o que no han recibido dosis de recuerdo en los últimos 10 años.	La vacunación pediátrica que consta de tres dosis y una de recuerdo a los 4-6 años, es muy eficaz. Pueden ser necesarias más dosis de recuerdo cada 10 años.
Tétanos	Recomendada para todas las personas que no han sido vacunadas en la niñez o que no han recibido dosis de recuerdo en los últimos 10 años.	La vacunación pediátrica que consta de tres dosis y una de recuerdo a los 4-6 años, es muy eficaz. Pueden ser necesarias más dosis de recuerdo cada 10 años.
Inmuno-globina sérica	Recomendada en los viajes a países donde la higiene y las condiciones sanitarias son malas, como protección contra la hepatitis vírica tipo A.	Proporciona una protección moderada durante un máximo de 3 meses.
Malaria	Necesaria para viajar a muchos países de las zonas tropicales y subtropicales.	Variable según la zona.

Norma básica: la higiene de los alimentos

Existen numerosos países, con bajos niveles de higiene, en los cuales es imprescindible adoptar rigurosas medidas de profilaxis alimentaria, mucho más eficaces que cualquier vacuna o medicamento. Al visitar estos países has de consumir alimentos bien cocinados, evitar las verduras crudas y las ensaladas, comer sólo aquellas frutas que se puedan pelar y beber únicamente **agua embotellada**, purificada con tabletas esterilizantes o cloro, o bien hervida durante más de cinco minutos. Se debe utilizar esta misma agua para la higiene bucal y para preparar los alimentos. Tampoco se han de tomar helados ni bebidas con hielo.

En caso de **diarrea del viajero**, algo bastante frecuente al cambiar de clima y de hábitos alimentarios, se ha de descansar todo lo posible y tomar abundantes líquidos, especialmente zumos de fruta, ya que la diarrea produce una pérdida de potasio que es importante reponer en lo posible. Es aconsejable no tomar nada sólido durante las primeras 24 horas. La diarrea es una reacción natural del intestino para eliminar los organismos invasores o irritantes, por lo que no es aconsejable ingerir comprimidos antiespasmódicos que paralicen su respuesta natural. Sólo en caso de persistir la diarrea o agravarse se deberá acudir a un centro médico, ya que podría tratarse de **disentería** causada por amebas.

El seguro de enfermedad o accidente

Al organizar unas vacaciones en el extranjero, siempre es aconsejable suscribir un seguro de enfermedad o accidente. Los cuidados médicos pueden ser muy caros y los países extranjeros a menudo tienen maneras diferentes de tratar las enfermedades, tanto en términos de coste como de procedimiento. Incluso los seguros médicos pueden no cubrir adecuadamente las emergencias en el extranjero. En todo caso, al suscribir el seguro, procura que la póliza contemple la repatriación, en caso de accidente o enfermedad grave, de todos los miembros de tu familia y sin límite de cuantía o kilometraje. Si viajas en **coche**, las organizaciones de automovilistas ofrecen diversos seguros que cubren tanto el seguro médico como el de accidente, sobre todo en países miembros de la Unión Europea.

Profilaxis

Si has de visitar países tropicales o que padezcan enfermedades endémicas, al menos dos meses antes de salir de vacaciones has de preguntar al médico o a la agencia de viajes cuáles son las **vacunas** obligatorias o las que se recomiendan para cada uno de los países que vayas a visitar. Algunas vacunas requieren un determinado tiempo para ser efectivas o no se pueden administrar simultáneamente con otras. Por ejemplo, las tabletas contra la malaria se deben empezar a tomar una semana antes de iniciar el viaje y continuar el tratamiento durante un mes después del regreso.

Además, el organismo posee un ritmo regular diario en su temperatura, pulso y transpiración. Cuando se viaja de norte a sur, o viceversa, es decir, sin traspasar los husos horarios, estos ritmos no se interrumpen; sin embargo, cuando se viaja de este a oeste o al revés se altera el ritmo de sueño y el cuerpo puede necesitar algunos días de adaptación. Es el fenómeno que suele suceder con los largos viajes de avión y que se denomina comúnmente *jet-lag*. Para paliarlo, los días previos a la salida puedes empezar a adoptar diversos hábitos de acuerdo con el horario del país que vas a visitar.

Las personas son capaces de sobrevivir en la mayoría de las partes, aunque algunos climas se asocian con mayores riesgos para la salud.

✏️ La «enfermedad del sueño» se transmite por la mosca tse-tse (*Glossina palpalis*), distribuida por ciertas áreas de África central, sobre todo en el Congo.

✏️ Sólo en Asia, América Latina y África, mueren al año 14 millones de niños menores de cinco años por infecciones respiratorias, diarreas, sarampión, malaria, tétanos y meningitis.

✏️ La bilharzia es un parásito corriente en regiones pantanosas de África tropical y algunos países asiáticos. No hay que bañarse en estas aguas, ya que el parásito posee un gancho que lo fija a la pared de la vesícula y provoca dolorosas inflamaciones.

Equipo para trekking y montaña

Aprovechando los días del verano, muchas personas viajan con la intención de realizar una de sus actividades preferidas: caminar por la montaña (*trekking*). Si bien en nuestras latitudes seguir una ruta por la montaña puede constituir un verdadero paseo, en otras zonas del planeta la climatología es mucho más cambiante y rigurosa, incluso en pleno verano, con lo que deberemos adoptar las mayores precauciones sobre todo en lo que se refiere a la altitud. Recuerda que, a partir de los 3000 m de altura, nuestro organismo dispone de menos oxígeno en el aire, por lo que hemos de ascender lentamente para no sufrir **mal de altura**. Además, en la alta montaña, habremos de elegir muy acusada debido a un cambio brusco de tiempo; ropa exterior gruesa, impermeable y a prueba de viento, jersey de repuesto, gorro, calcetines y guante de lana, botas de montaña, botiquín de primeros auxilios, raciones de emergencia, bebida caliente, bolsa de plástico grande, linterna para hacer señales, brújula y plano de la ruta a seguir, etc.

EQUIPO PARA MONTAÑA

Salud y trabajo

¿Qué puede afectar a nuestra salud?

Ningún trabajo carece de riesgos: incluso trabajar detrás de un escritorio puede incrementar el riesgo de sufrir enfermedades coronarias, aunque otro tipo de tareas implican riesgos mucho más obvios.

• *Ruido*: la exposición constante a un elevado nivel de ruido puede provocar sordera o zumbido en los oídos.
Entonces es aconsejable usar tapones para los oídos y reducir el tiempo de exposición al ruido.

• *Polvo*: la inhalación prolongada de polvo mineral (amianto, sílice, carbón, etc.) puede reducir la elasticidad de los pulmones y provocar fibrosis, y la inhalación de polvo orgánico (con esporas de hongos), neumonía. La máscara con filtro es la protección habitual contra la inhalación de polvo.

• *Disolventes industriales*: el contacto o inhalación de disolventes puede causar reacciones alérgicas, o incluso dañar el hígado y los riñones. Los trabajadores expuestos a agentes químicos han de realizarse análisis regulares de sangre y orina.

• *Radiaciones*: las personas expuestas a radiaciones (los trabajadores de las centrales nucleares) pueden ver afectada la calidad y la cantidad de sus espermatozoides, con el consiguiente riesgo de que sus hijos padezcan leucemia o defectos congénitos. Estos trabajadores llevan a cabo su tarea con trajes de protección especiales y con unos aparatos que controlan la exposición acumulada.

El síndrome del edificio enfermo

La Organización Mundial de la Salud ha establecido el nombre de «síndrome del edificio enfermo» para aquellas construcciones que, por su configuración y los materiales que las componen, pueden causar **molestias y enfermedades en las personas que las habitan**.
Los edificios de oficinas son los que más sufren este síndrome, que en realidad se trata de un cúmulo de situaciones. Casi todas las oficinas modernas están climatizadas con **aire acondicionado**, y muchas veces resulta imposible abrir ventanas para facilitar la renovación del aire. Además, el aire acondicionado suele provocar alergias e infecciones, ya que sus conductos abrigan hongos, virus y bacterias, favorecidos por la temperatura constante del edificio y por la falta de ventilación, que se propagan fácilmente entre las personas.
Otros factores también inciden directamente en el estado de salud de los trabajadores: el ozono producido por las **fotocopiadoras**; el campo electromagnético generado por los **equipos informáticos**, la **iluminación artificial** y otros aparatos eléctricos; los **vapores tóxicos** procedentes del pegamento de las moquetas, de las placas falsas del techo o de los barnices de las puertas, etc.

Los riesgos en la oficina

Las oficinas actuales no suelen ser un lugar muy saludable. La tranquila oficina con archivador, papeles y máquinas de escribir ha dado paso a una estancia llena de ordenadores, fotocopiadoras, fax, etc., y con ello se ha generado una considerable **contaminación electromagnética y química** que ha contribuido, en gran manera, a hacer de la oficina un lugar de tensión nerviosa.
Después de pasar muchas horas sentados, la posibilidad de tonificar los músculos de algunas partes del cuerpo es muy reducida: la musculatura entra en **tensión**, se endurece y duele.

Relajar la tensión muscular es posible, por ejemplo, mediante la **flexión** y **extensión** de determinados músculos del cuerpo, alternativamente y de manera intensiva. Las personas que trabajan en oficinas deben relajar, preferiblemente, cuatro puntos habituales de dolor: el punto cervical, en la base de la nuca (1); el margen anterior del músculo trapecio (2); el centro superior de dicho músculo (3); y el ángulo superior interno del omóplato (4).

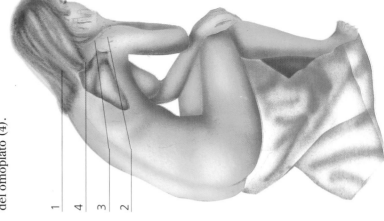

1
4
3
2

CUATRO PUNTOS HABITUALES DE DOLOR EN EL HOMBRO Y LA NUCA

TRASTORNOS SUFRIDOS POR TRABAJADORES SENTADOS LA MAYOR PARTE DE LA JORNADA LABORAL	
Dolor de espalda	24 %
Dolor de cabeza	20 %
Lesiones en la columna	16 %
Exceso de peso	15 %
Dolor en las articulaciones	13 %
Trastornos circulatorios	11 %
Varices y piernas hinchadas	11 %
Estreñimiento	6 %
Músculos tensos y doloridos	6 %

Existen otros muchos factores, como el estrés, el calor y las vibraciones, que pueden conducir al desarrollo de múltiples trastornos: úlceras gástricas, diarreas, calambres musculares, agotamiento, etc.

✎ En zonas de alta explotación agrícola, el 25 % de los campesinos se intoxica al tratar con plaguicidas; a su vez, este grupo sufre un 11 % más de accidentes laborales que el resto de trabajadores.

✎ Está probada la eficacia de los filtros de ordenador: son paneles de cristal y de fina malla metálica, que se colocan sobre la pantalla y, mediante un conductor, descargan la electricidad estática que se forma en la misma.

✎ Las personas que trabajan ocho horas ante un ordenador deben ajustar la visión a la pantalla una media de 30 000 veces, lo que provoca una fuerte fatiga visual.

El medio ambiente

El trabajo con ordenador

Las pantallas de ordenador emiten **radiaciones ionizantes**: la cantidad de rayos infrarrojos y ultravioleta emitida por los monitores no es mayor que la de la luz normal, pero esto no significa que sean inofensivas. Constituyen una fuente de radiación que se suma a otras que ya nos afectan (las pantallas de televisión, las radiografías, etc.).

Además, la pantalla del ordenador también emite **radiaciones electromagnéticas** de diversa intensidad. Se carga con electricidad estática, y entre el operador y la pantalla se crea un campo eléctrico distorsionado que arroja el polvo de la habitación sobre el cuerpo humano, generando una fuerte tensión psicosomática en el organismo que aumenta el cansancio.

El trabajo frente a un monitor cansa notablemente la **vista**: las personas con una visión algo deteriorada, que necesitan usar gafas, son las más afectadas por este cansancio. Por tanto, para evitar trastornos e incomodidades ante el ordenador, es preciso guardar una buena postura y una distancia visual adecuada en relación a la pantalla.

POSTURA A ADOPTAR ANTE LA MESA DE TRABAJO U ORDENADOR

ESTATURA	ALTURA ÓPTIMA DEL ESCRITORIO
1,62 m	60,0 cm
1,67 m	62,5 cm
1,73 m	65,0 cm
1,85 m	70,0 cm

40°

90°

Equipos de seguridad

Durante este siglo se ha ido avanzando en el campo de la sanidad y la seguridad laboral. Los riesgos de algunos tipos de trabajo, como el de la construcción o la minería, son obvios e implícitos por la misma ocupación.

Tanto si se trabaja al aire libre como si se hace en la fábrica o en la oficina, el puesto de trabajo puede entrañar **riesgos** para la salud; sin embargo, existen numerosas posibilidades de mejorar las normas de seguridad y salubridad. Por ejemplo, al exponerse a la acción de cualquier sustancia potencialmente tóxica o carcinógena, se debe utilizar siempre el **equipo de seguridad** que proporciona la empresa y seguir las prescripciones relativas a la seguridad.

Algunas empresas están obligadas a ofrecer servicios regulares de inspección para detectar cualquier indicio de enfermedad relacionada con el trabajo; por ejemplo, se realizan radiografías de pulmón para mostrar posibles signos de silicosis, una enfermedad bastante habitual en la minería. Muchos trabajos son propicios a producir enfermedades y trastornos concretos; es el caso de los soldadores, que corren el riesgo de sufrir heridas en los ojos.

El agua

El agua es un bien escaso, tanto que el problema del agua es ya uno de los puntos clave de la política exterior de numerosos países. Las medidas propuestas son de dos tipos:

• *A gran escala*: grandes inversiones para transportar el agua de las zonas de abundancia a las áreas de escasez.

• *A pequeña escala*: racionalización del consumo de agua.

La agricultura se lleva 2/3 partes del consumo mundial de agua debido a que los sistemas de irrigación tradicionales se concibieron bajo la perspectiva de un exceso de agua. Ante esto, los sistemas de **irrigación por goteo** tratan de lograr una producción óptima con el mínimo consumo.

Si vives en la ciudad, deberías ser consciente que el agua dulce sólo representa un 3 % de las reservas totales de agua de la Tierra. De esta cantidad, un 20 % corresponde a aguas subterráneas, y sólo un 1 % se halla en ríos y lagos. Para contribuir al **ahorro de agua**, sigue estos prácticos consejos: prefiere la ducha al baño, utiliza la lavadora a carga completa, cierra bien los grifos y no permitas las fugas de agua o el goteo constante.

Se calcula que el 40 % de la contaminación de ríos y lagos procede del aceite usado de los motores.

El aire

La **contaminación** del aire proveniente de los escapes de los automóviles y de la industria perjudican la salud, especialmente si se padece asma o bronquitis. Las personas con problemas respiratorios no deberían exponerse a ambientes contaminados. Sin embargo, el dióxido de carbono que emiten miles de fábricas en todo el mundo no sólo contamina el aire, sino que además provoca el recalentamiento de la Tierra (unos 0,3 °C cada década) y favorecen el denominado **efecto invernadero**. Todos lo hemos experimentado al entrar en un automóvil que ha permanecido expuesto al sol durante varias horas: esto se debe a que los rayos solares atraviesan los cristales del coche y calientan la tapicería y otras partes interiores; los cristales también actúan como filtro y devuelven la radiación al interior, aumentando la temperatura. Efectos similares a los cristales de los coches tienen algunos gases (CO_2, metano, vapor de agua) presentes en las capas bajas de la atmósfera sobre la superficie de la Tierra.

Un calentamiento excesivo de la superficie terrestre representaría poner en peligro la estabilidad climática del planeta: importantes sequías en algunas zonas y graves inundaciones y lluvias torrenciales en otras.

En 1972 se perdían unos 100 000 km² de bosques tropicales cada año; en 1992, esta tasa de desforestación alcanzaba 170 000 km².

La circulación de la materia en la naturaleza

En la naturaleza existe una interacción continua entre los seres vivos y el aire, el agua o los minerales, produciéndose una circulación ininterrumpida de materia, de elementos químicos. Es decir, en los diferentes ecosistemas, los desechos se reutilizan constantemente, por lo que no existen residuos: todo es reciclado.

Sin embargo, la sociedad «moderna», basada en una compleja tecnología transformadora de materias primas (las fábricas), hasta hoy ha sido netamente productora de residuos e incapaz de reciclarlos y devolverlos al medio ambiente sin agredirlo.

Ahora nos damos cuenta que el medio ambiente influye sobre nuestra salud y calidad de vida, y que la mejora del entorno recae en nuestro bienestar.

«Practica» el reciclaje

Ya en la actualidad, y todavía más en el futuro, es esencial que los ciudadanos tomen conciencia de la necesidad de separar la basura orgánica de los materiales reciclables. Si vives en la ciudad, utiliza los contenedores correspondientes más próximos a tu domicilio; para ello has de separar el vidrio, el papel y el cartón, los «tetrabrik», y los envases de plástico. Tampoco tires los medicamentos caducados junto con la basura orgánica, ya que en numerosas farmacias existen pequeños depósitos destinados a tal efecto.

Las pilas usadas, y sobre todo las pilas-botón, han de tirarse en los contenedores especiales (numerosas tiendas de fotografía poseen uno, además de otros comercios). Ten en cuenta que una sola pila-botón, que contiene una pequeña cantidad de mercurio, puede contaminar más de 600 000 litros de agua.

En todas las grandes ciudades existen alternativas para un correcto vertido de materiales de derribo, baterías de vehículos, aceites usados, latas, neumáticos y otras sustancias contaminantes. Consulta con tu ayuntamiento para que te indiquen dónde has de dirigirte.

La goma reciclada en polvo de los neumáticos se añade al asfalto para aumentar la vida del pavimento en cuatro o cinco años.

El reciclaje, una nueva actividad

Se calcula que cada día se producen en el mundo 4 millones de toneladas de basuras, 3/4 partes de las cuales se vierten de forma incontrolada: no se aprovechan económicamente y provocan un desastroso efecto en el medio ambiente.

El progresivo agotamiento de las reservas naturales, la adopción de sistemas de producción más ecológicos y el establecimiento de una política administrativa adecuada en el tratamiento de residuos han sido aspectos decisivos para definir el nacimiento de esta nueva industria, la industria del reciclaje.

El deseo general se centra en generar el mínimo posible de residuos y reciclar el máximo. Por ello se está creando una compleja red industrial, como evolución de la figura tradicional del trapero.

No hay que olvidar que en la naturaleza no existen residuos, todo se recicla, pero este proceder de los ecosistemas no lo han aprovechado los seres humanos para garantizar también la «reproducción» de sus productos industriales ante el previsible agotamiento de los recursos naturales.

COMPOSICIÓN DE LOS RESIDUOS SÓLIDOS URBANOS

MATERIALES COMBUSTIBLES Del 20 al 36%	Papel	10-15%
	Cartón	3-6%
	Plásticos	3-8%
	Textiles	1-2%
	Maderas	2-3%
	Cuero, gomas y varios	1-2%
MATERIALES FERMENTABLES Del 45 al 60%	Materia orgánica	45-60%
MATERIALES INERTES Del 10 al 20%	Metales	2-3%
	Vidrio	4-8%
	Tierras y cenizas	2-5%
	Restos de obras menores	1-2%

El Sol y la capa de ozono

Existe un riesgo para la salud en las grandes dosis de radiación ultravioleta que se absorben al exponerse prolongadamente a la luz solar. Se ha de tomar menos el sol y evitar al máximo las exploraciones médicas innecesarias por rayos X; así mantendrás la exposición a las radiaciones dentro de los límites aceptables para la salud.

Una cierta exposición diaria a la luz solar es necesaria para promover la producción de vitamina D en la piel. Sin embargo, una exposición excesiva al sol o a los rayos ultravioleta de las lámparas solares provoca un envejecimiento prematuro de la piel. Si la piel es muy blanca, aumentará también el riesgo de contraer cáncer. En 1987, los científicos confirmaron la presencia de un agujero en la capa de ozono de la Tierra; esta destrucción se ha atribuido a los compuestos clorofluorocarbonados (CFC) que componen los gases utilizados en aerosoles, sistemas de refrigeración (neveras, aire acondicionado) y fabricación de materiales de espuma. La desaparición de la capa de ozono permitiría que las radiaciones solares ultravioletas llegaran a la superficie terrestre, y sus efectos serían catastróficos: reducción del sistema inmunológico, incremento de los cánceres de piel y de las lesiones oculares, etc.

El vidrio es aprovechable en un 100 %. Tan sólo 1 kg de vidrio usado permite ahorrar 1,2 kg de materia prima y 130 kg de fuel, que es lo que se necesita para su fabricación convencional.

El proceso de reciclado del papel ahorra del 30 al 55 % de energía.

La radiación ambiental

Las personas que trabajan directamente en ambientes con fuentes de radiación deben tomar las máximas precauciones para autoprotegerse. No obstante, poco se puede hacer para reducir el pequeño riesgo de desarrollar cáncer causado por un reducido nivel de ionización natural presente en el ambiente.

La radiación ambiental procede de dos fuentes primordiales: los rayos cósmicos del espacio exterior y el gas radon emitido básicamente por las minas de uranio que existen en la corteza terrestre.

Normalmente, los niveles de radiación natural están dentro de los límites aceptables para la salud. Sin embargo, en algunos casos, especialmente en las zonas con abundantes rocas graníticas cerca de la superficie, se presentan niveles de gas radon superiores a la media.

Otra cuestión es la radiación procedente de fugas en las centrales nucleares. No se ha encontrado una solución para eliminar los residuos de esta fuente de energía.

Índice

a
absceso 85
ácaro 27
accidente 9
de tráfico 55
aceite 7
acidez 7
ácido clorhídrico 23
ácido fólico 36, 40, 73
ácido graso 12, 13
ácido úrico 40
acné 64, 82
acromegalia 80
adelgazamiento 18
ADN 6, 10, 15, 83, 84
agotamiento físico 31
agua 11, 12, 15, 18, 23, 24-31, 93
agujetas 48
aire 93
alcohol 13, 23
alimentación 8, 27, 68
alimento 11, 13, 22, 40, 41, 91
a evitar durante el embarazo 76
almidón 11
alopecia 63
alquitrán 7
alteraciones del organismo a
causa del envejecimiento 9
alvéolo pulmonar 26
amenorrea 19
amigdalitis 27
aminoácido 12
amoniaco 40
análisis de orina 42, 43
análisis de sangre, 36
análisis química 36
anemia 36
angina de pecho 14, 20, 35
anginas 27
anhídrido carbónico 40
anorexia 19
ansiedad mental 31
antibióticos 86
anticonceptivo inyectable 74
aparato digestivo 11-22
aparato excretor 40-44
aparato locomotor 45-53
aparato reproductor 71-79
aparato respiratorio 13, 24
aparato urinario 42
aquília 76
ARN 83, 84
árnica 48
arruga 65
arsénico 7
arteria 14, 45, 63
arteriosclerosis 13, 14, 35, 43
articulación 9
artritis 47
artrosis 42, 47
asbesto 7
asepsia 86
asfixia 28
asma 27
astigmatismo 67
astillas 66
ataque cardíaco 37
ateroma 33, 35
audífono 70
auramina 7
autoexamen 8
de las mamas 72
de los testículos 72
azúcar 11, 14, 22, 37

b
bacilo de Koch 27, 86
bacteria 15, 22
bañera 89
baño 10, 62

basófilo 36
bebida alcohólica 43
benceno 7
bencidina 7
beso de la vida 29
biopsia 64, 73
biotina 40
boca a boca 29
bocio exoftálmico 80
botiquín 87, 90
bronquitis 26, 27, 30

c
cabello 63
caducidad de los alimentos 87
caída 10
calambre muscular 48
calcio 9, 13, 22
cálculo 44
caléndula 65
caloría 12, 16
calvicie 63
calzado 49
cambio hormonal 82
caminar 30
cana 64
cáncer 7, 8, 10, 19, 20, 22, 94
de laringe 8, 25
de mama 72
de piel 65
de pulmón 26
cansancio ocular 61
capa de ozono 94
carbohidrato 11, 12, 13
caries dental 19, 21, 22
cartílago 47
caspa 63
catarro 30
cefalalgia 56
celíaca 56
célula 6-10, 33
adiposa 20
basal 26
columnar 26
cerebro 9, 54, 60, 62
cervicales 59
cerviz 26
cianosis 40
cilio 26
circulación 9
sanguínea 33, 50, 61
cirrosis 23
clonación 6
colera 90
colesterol 12, 13, 14, 20, 33, 34, 35
cólico nefrítico 44
colon 74, 76
colonoscopia 8, 42
colposcopio 73
columna vertebral 47, 59
compás de espesores 20
complexión corporal 14
componentes de un alimento 11
comportamiento de riesgo 85
comportamiento obsesivo 58
concentración mental 59
condón 74, 76
conducto biliar 34
consejos para cuidar a las
personas mayores 9
conservación de los alimentos 15
contagio 86
contaminación acústica 70
contaminación ambiental 26
contaminación de los alimentos 15
contracción refleja 48
control de la respiración 31
corazón 9

coronavirus 27
corrosivo 23
crecimiento 81
cretinismo 80, 81
cromato 7
cromosoma 6, 7, 9, 71
cuadrante solar 67
cuarto de baño 88
cuidado de la espalda 47
cuidado de las articulaciones 87
cuidado de los enfermos 87
cuidado de los oídos 69
cuidado de los ojos 67
cuidado de los pies 47

d
deficiencias alimentarias más
comunes 9
dentífrico con flúor 21
dentina 22
depósito de grasa 33
depresión 9, 19, 54, 57, 58, 60, 79
descompresión 27
diabetes 20, 68
azucarada 81
insípida 80
insulinodependiente (tipo I) 81
no insulinodependiente (tipo II) 81
diafragma 24
diálisis 44
diapasón 70
diarrea del viajero 91
dieta 8, 9, 11, 12, 13, 16, 18, 22, 34,
37, 40, 42, 43, 63
de la mujer embarazada 76
diente 21
de león 42
disbiosis 40
disco invertebral 59
dislocación 49
disolución y síntesis de proteínas 12
dislexia 73
dispositivo intrauterino 74
dolor 55, 65
de cabeza 56
droga 62
ducha 62

e
eccema 27, 64
alérgica 84
efecto invernadero 93
ejercicio aeróbico 30, 31
ejercicio de flexibilidad 10, 50, 59
ejercicio físico 9, 25, 26, 30, 32, 33,
35, 44, 46, 47, 48, 49, 50, 51,
53, 55, 60, 61, 76
ejercicio físico dentro del
embarazo 76, 77
ejercicio isométrico 49
ejercicio para los dolores de
espalda 51
ejercicio respiratorio 24, 31
electrocardiograma 32
embarazo 19, 76, 84
embrión 6
embrión hipofisario 80
endocrinología 80
enfermedad cardiovascular 20, 79
enfermedad coronaria 12, 13, 25
enfermedad de Addison 80
enfermedad de la garganta 70
enfermedad de la nariz 70
enfermedad de la piel 64
enfermedad del corazón 32, 33, 34, 35
enfermedad de los músculos 48
enfermedad de las vías respiratorias 27
enfermedad infecciosa 86

enfermedad venérea 74
entrenamiento 51
enuresis 44
envejecimiento 9, 82
envenenamiento 23
enzima 11, 40
eosinófilo 36
epidermis 62
epidídimo 72
epiglotis 25
equilibrio 69
equinácea 86
equipo para montaña 91
equipo deportivo adecuado 32
eructo 23
escalera 89
escáner 32
escoliosis 47
escorbuto 63
escroto 72
esguince 49
espasmo bronquial 59
esperanza de vida 20
espermatozoide 7, 71
espina blanca 35
espinillas 62
esquizofrenia 57
esterilización 74, 86
estómago 14, 23
estreñimiento 19
estrés 31, 34, 56
estrógeno 14, 45, 74, 79
extinción 9
examen de los oídos 68
examen de los ojos 70
extintor 90
extracción de sangre 36

f
factor de la herencia 71
faringitis 27, 70
fécula 14
fecundación *in vitro* 71
fémur 45
feto 7
fibra 11, 12, 22
fibrosis hepática 23
fiebre amarilla 90
fiebre del heno 27
flatulencia 23
flora intestinal 40, 41, 42
flora simbiótica 40
flujo sanguíneo 13
flúor 22
fobia 57, 58
fonendoscopio 32
fósforo 22
fractura 48
frotis cervical 73
fumador pasivo 25
furúnculo 85

g
gafas 67
antipolen 86
gastritis 13, 23
gen 9, 71
genoma 9
germen nocivo 40
germen simbiótico 40
gigantismo hipofisario 80, 81
gimnasia posparto 78
ginseng 82
glándula pituitaria 80, 81
glándula sebácea 63
glándula suprarrenal 80
glándula sudorípara 63
glicerol 13

glóbulo rojo 27, 36
glotis 24
glucógeno 12
glucosa 12, 20, 37, 45, 81
grasa 11, 12, 13, 14, 15, 18, 20
saturada 33
vegetal 43
gripe 30, 86

h
hematíe 7
hematocrito 36
hemoglobina 26, 36
hemorragia 38
hepatitis 23
hez 11, 15, 22, 40, 42
hidratos de carbono 11, 12, 13, 15
hierro 9, 36
hígado 9, 14, 33, 34
higiene 86
bucal 21
en la cocina 22
hipertensión 80
hipérico 60
hipermetropía 67
hipertensión 34, 35, 68
hipo 24
hipófisis 80
hipocondrio 80
hipotálamo 80
hollín 80
hormona 80
hueso 11, 12
sintética 79
joven 82
viejo 82
huevo 45

i
ictus cerebral 34
incendio 90
incontinencia 9
genética 6
infantil 44
urinaria 44
índice de masa corporal (IMC) 20
índice de Quetelet 20
infarto 14, 20, 35
infección 39
microbiana 86
ocular 68
respiración 30
inmovilidad 10
inmunodeficiencia sérica 90
insomnio 54, 55, 60
inspiración 24
insuficiencia renal 44
insulina 81
intensidad del ruido 70
intestino 21, 34, 42
intoxicación alimentaria 22

j
jaqueca 56, 61

l
lactancia 84
lactasa 40
lactosa 11
laringitis 30
latido del corazón 37
leche 13, 23
lesiones más frecuentes del
aparato locomotor 53
lesiones oculares 68

linfocito 36, 83, 84
lipoproteína 13, 34
líquido 49
líquido 87
luxación 49
llaga 69
luz 69

m
macrófago 26
magnesio 22
malaria 90
mal de altura 27, 91
mamografía 8
mano, 62
maniobra de Heimlich 28
"marcha atrás" 74, 76
mareo 69
masaje 56, 61
cardíaco 37
medicamento 9, 42, 89, 90
medio ambiente 93
médula espinal 55, 61
meningitis 56
menopausia 60, 73, 76, 79, 82
menstruación 73, 74, 76, 82
menta 14
metabolización 40, 43
método anticonceptivo 74
método Holger-Nielsen 28
método Sylvester 28
miastenia 48
micosis 64
microbio 36
microscopio 36
miedo 58
migraña 56
milenrama 76
mineral 11, 14
miopía 67
miositis 48
molestia muscular 48
monocito 36
monómero de cloruro de vinilo 7
monóxido de carbono 26
mordedura 66
movimiento 9
mucosa genital 84
murciélago 10
músculo 7, 11, 45
músculo erector del cabello 63

n
natación 51, 73, 76
necesidad calórica 16
necesidad energética 11
nefrona 42
nervio motor 55
neurólogo 57
neurosis 57
neutrófilo 36
niacina 40
niño probeta 71
níquel 7
nitroglicerina 35
nutrición del hueso 45
nutriente 11

o
obesidad 20, 32
oftalmoscopio 68
oído 9, 70
ojo 67, 68
oligoelemento 11, 14
orina 15, 40, 43
osteoporosis 9, 45, 79, 82
otosclerosis 69
ovario 80
óvulo 7, 71
óxido de cadmio 7
oxígeno 26, 32, 35, 37, 46

p
palmeo 67
páncreas 34, 80
Papanicolau 8, 73
parálisis 55
paratiroides 80

paro cardíaco 37
paro respiratorio 28
parto 78
  de emergencia 78
pastillas para dormir 55
patata 42
pelo 63
permeabilidad de los capilares
  sanguíneos 43
pesario 73
peso ideal 20
pH 43
picaduras 66
piel 62, 63, 65
píldora 74
piojo 64
piridoxina 40
placa dental 21, 22
placebo 36
plasma 36, 40
polen 27
poliomielitis 55, 90
pólipo 22
polvo 27
posición de recuperación 29
postura 46, 47
  correcta para la mujer
  embarazada 77
  de yoga 58, 59
precalentamiento 50
presbicia 67
preservativo 74, 78
presión arterial 34
presión sanguínea 10, 20
prevención 23
  de la transmisión del sida 85

profilaxis 91
progesterona 14, 73, 74
próstata 44
protección de los ojos 67
proteína 11, 12, 14, 15
prueba de esfuerzo físico 32
prueba del pellizco 20
prueba médica 42
psicólogo 57
psiquiatra 57
psoriasis 64
pubertad 81, 82
pulmón 9, 59
pulmonía 27
pulpa 22
pulso 28
purina 43

q
quemaduras 66
queratina 62
quimioterápicos 86

r
radiación ambiental 94
radiación de los alimentos 15
radiografía 21
reacción alérgica 85
reacción de lucha o escape 34
reanimación cardiopulmonar 29
reciclaje 94
recompresión 27
recto 44
reflejo 57
  muscular 48
regla 73, 82

relajación 58, 60, 69, 92
resfriado 27
resistencia física 51
respiración 24, 40
  artificial 28
  boca a boca 37
  dinámica 31
reumatismo 47
  crónico 42
revisión dental 21
riboflavina 12
riesgo en la oficina 92
rinitis 70
  alérgica 86
rinovirus 27
riñón 42, 43, 44
ropa 52
rubéola 69, 76

s
sacárido 11
sacarosa 11
sal biliar 13
sal mineral 15
salud y trabajo 92
sangre 34, 84
sauna 44
secreción de la mucosidad 26
secreción sexual 84
seda dental 21
seguridad en el hogar 88
seguridad en el jardín 89
seguridad en la sala de estar 89
seguro de accidente 91
seguro de enfermedad 91
sensación de dolor 55, 65

sentidos 62-70
shock eléctrico 30
sida 74, 83, 84, 85
sigmoidoscopia 8
síndrome de Down 7, 71
síndrome del edificio enfermo 92
síndrome premenstrual 73
sistema circulatorio 32-39, 48
sistema endocrino 80-82
sistema inmunológico 23, 83-87
sistema nervioso 9, 54-61
sistema renal 43
sofocación 79
sol 94
sordera 69
sudor 15, 40
  nocturno 79
sueño 54
suero 36
sueroterapia 86, 87
suicidio 58

t
tabaco 25, 26
tabaquismo 25
tabla de Snellen 68
tensión sanguínea 34
test del embarazo 76
testículo 44, 72, 80
tétanos 90
tiamina 9
tifus 90
tinte 64
tiroides 58, 80
tórax 59
torticolis 48

tos 25
trabajo 57
  con ordenador 93
tranquilizante 9
transcriptasa inversa 83
transfusión 84
transmisión del sida por la sangre 84
transmisión sexual (del sida) 84
trastorno cromosomático 6
trastorno de la personalidad 57
trastorno ginecológico 76
trastorno hormonal 81
trastorno intestinal 22
trastorno psicológico 19
triglicérido 34
trombosis coronaria 37
tuberculosis 27
  pulmonar 86
tumor 72
tusílago 30

u
úlcera gastroduodenal 23
uña 62
uremia 44
uréter 42, 44
uretra 42, 44
urticaria 64

v
vacuna 86, 90, 91
vacunación 55, 76, 86, 87
vagina 44, 73
válvula de las venas 35
varices 35
vasectomía 74, 77

vasoconstricción 56
vasodilatación 48
vaso sanguíneo 27, 73
vejiga 42, 44
vena 45, 63
vendaje 38, 39, 49, 52, 66
veneno 23
ventilación pulmonar 24
vértigo 69
vesícula biliar 14
· vía respiratoria 24, 25, 31
VIH 83, 84, 85
virus de inmunodeficiencia
  humana 83, 84, 85
víscera 11
vista 11
  abdominal 59
visita al dentista 21
vista 9
vitamina 11, 14, 15, 40
  A 13, 14
  B_2 63, 73
  B_{12} 13, 14, 36, 63
  C 9, 13, 14, 22, 25, 30, 63, 86
  D 9, 14, 22, 94
  E 14
  K 14
vómito 23

y
yoga 58

z
zapatos 47, 53
zonas del cuerpo donde se
  localizan ciertos dolores 65
zonas de peligro de una vivienda 88